Sobre la Ilustración

Colección
Clásicos del Pensamiento

fundada por Antonio Truyol y Serra

Director:
Eloy García

Michel Foucault

Sobre la Ilustración

Estudio preliminar de
JAVIER DE LA HIGUERA

Traducción de
JAVIER DE LA HIGUERA,
EDUARDO BELLO
y ANTONIO CAMPILLO

SEGUNDA EDICIÓN

Diseño de cubierta:
JV Diseño gráfico, S. L.

1.ª edición, 2003
2.ª edición, 2006
Reimpresión, 2022

La traducción de los textos de M. Foucault incluidos en esta edición se publica con la autorización de *Daímon. Revista de Filosofía* («¿Qué es la crítica» y «¿Qué es la Ilustración»?) y del Servicios de Publicaciones de la Universidad de Murcia («Seminario sobre el texto de Kant *Was ist Aufklarung?*»)

Reservados todos los derechos. El contenido de esta obra está protegido por la Ley, que establece penas de prisión y/o multas, además de las correspondientes indemnizaciones por daños y perjuicios, para quienes reprodujeren, plagiaren, distribuyeren o comunicaren públicamente, en todo o en parte, una obra literaria, artística o científica, o su transformación, interpretación o ejecución artística fijada en cualquier tipo de soporte o comunicada a través de cualquier medio, sin la preceptiva autorización.

Estudio preliminar © JAVIER DE LA HIGUERA, 2003
Traducción © JAVIER DE LA HIGUERA, EDUARDO BELLO
y ANTONIO CAMPILLO, 2003
© EDITORIAL TECNOS (GRUPO ANAYA, S. A.), 2022
Juan Ignacio Luca de Tena, 15 - 28027 Madrid

ISBN: 978-84-309-4420-0
Depósito Legal: M. 5.326-2011

Printed in Spain

ÍNDICE

ESTUDIO PRELIMINAR .... *Pág.* IX
   I. La Ilustración como acontecimiento IX
   II. La deriva de la crítica moderna a partir de Kant. XVIII
   III. El desfase de Ilustración y Crítica XXVII
   IV. La filosofía como actitud de modernidad XLIV

PROCEDENCIA DE LOS TEXTOS LXII
BIBLIOGRAFÍA LXIV

SOBRE LA ILUSTRACIÓN

¿QUÉ ES LA CRÍTICA? (CRÍTICA Y *AUFKLÄRUNG*) 3
SEMINARIO SOBRE EL TEXTO DE KANT «WAS IST AUFKLÄRUNG?» 53
¿QUÉ ES LA ILUSTRACIÓN? 71

ESTUDIO PRELIMINAR
por Javier de la Higuera

I. LA ILUSTRACIÓN COMO ACONTECIMIENTO

Desde el año 1978, y hasta poco antes de su muerte, Foucault se ha ocupado con cierto detenimiento de la cuestión de la Ilustración[1]. En principio no hay nada extraño en que así lo haga un historiador del pensamiento como él –no olvidemos el nombre de su cátedra en el Collège de France: *historia de los sis-*

---

[1] El ciclo se inicia con la conferencia, celebrada en mayo de 1978 ante la Sociedad Francesa de Filosofía, titulada «Qu'est-ce que la critique? (Critique et *Aufklärung*)», y lo cierra la versión que en 1984, ya muy enfermo, Foucault hizo para la *Revue de métaphysique et de morale* del prefacio de 1978 de la edición americana del libro de G. Canguilhem *Le normal et le pathologique*, titulada «La vie: l'experience, la science». En enero de 1983, Foucault dedica un seminario en el Collège de France, al texto de Kant «Was ist Aufklärung?», y en otoño da una conferencia en Berkeley sobre el mismo tema titulada «What is Enlightenment?». Los textos que se contienen en la presente edición son el primero aquí referido y estos dos últimos.

temas de pensamiento–, pero su enfoque es muy diferente al de una historia de las ideas de la época o al de la historia de la filosofía ilustrada[2]. Foucault se interesa por la Ilustración como *acontecimiento,* lo cual puede ser interpretado en principio como una precaución de historiador para no disolver la peculiaridad de ese momento en el marco total de «una historia para filósofos»[3]. Pero no debemos creer que esta «historia del pensamiento» representa un simple abandono de la filosofía. Más allá de las precauciones metodológicas a las que la meticulosidad de Foucault cede gustosamente, en ese interés por la Ilustración como acontecimiento hemos de ver un experimento con la propia filosofía. La Ilustración, así entendida, no es abordada como el momento de una desvelación histórica: un acontecimiento (*événement*) es algo diferente del advenimiento (*avénement*) de la verdad. Foucault practica la historia de un pensamiento que, además de tener relación con la verdad, tiene también una historia que hace de él algo material y le da una existencia efectiva entre las cosas. El pensamiento, en tanto que acontecimiento, no pertenece a la historia trascendental de la razón, a lo que, en alguna ocasión llama Foucault la «his-

---

[2] Véase «Une histoire restée muette» (artículo que Foucault publica en 1966 con motivo de la aparición de la traducción francesa de *La filosofía de la Ilustración* de E. Cassirer), en *Dits et écrits*, Gallimard, Paris, 1994, vol. I, p. 547. A partir de ahora se citará esta obra como *DÉ*, y a continuación se citará el volumen (con números romanos) y la página o páginas (con números árabes).

[3] Sobre la «historia para filósofos», véase «Foucault répond à Sartre» (1968), *DÉ*, I, 666.

toria interna de la verdad». Hacer una «historia externa de la verdad» en que ésta misma es un acontecimiento, es, por el contrario, el arriesgado proyecto que Foucault ha emprendido en oposición a la concepción trascendental de la historia. El riesgo de esta «historia externa», una historia que ha roto el lazo, bien anudado por Hegel, entre lógica e historia, queda de manifiesto si pensamos en la suspensión que realiza de una cuestión filosófica que parece ineludible: la pregunta acerca del sentido de la historia. Sostener que la historia no tiene sentido, sin embargo, no quiere decir para Foucault que sea absurda o ininteligible, sino sólo que carecemos de un principio de síntesis que unifique el acontecer. Eso hace que el ámbito histórico sea puramente eventual, es decir, los acontecimientos son la única sustancia de la historia y permanecen en una dispersión y singularidad irreductibles. Hay en toda esta concepción un gesto antiplatónico y nominalista que impide a la universalidad filosófica permanecer en el centro de la historia y adueñarse de ella. No debemos olvidar que, aun así, la pretensión de Foucault sigue siendo filosófica y que su historia del pensamiento no puede prescindir del todo de la universalidad.

Entender la Ilustración como acontecimiento singular impide también que se pueda estar globalmente *a favor o en contra* de ella; de ahí quizás el difícil lugar en que Foucault se instala[4]. Es conocida, no obstante, la acusación de «contrailustración» que, en el contexto del debate modernidad *versus* postmo-

---

[4] El rechazo de esta «alternativa simplista» se puede ver en «¿Qué es la Ilustración?» (1984), p. 87 de la presente edición.

dernidad, dirige Habermas a Foucault y a sus compañeros «anarquistas». Esta acusación de Habermas señala, sin embargo, sorprendentemente qué es lo específico y lo valioso del enfoque foucaultiano de la Ilustración. Para Habermas, Foucault lleva a cabo una crítica que «[...] al volverse contra la razón como fundamento de la validez de la crítica, se hace total»[5]. Una crítica así minaría los fundamentos normativos racionales de toda crítica. Pero aquí precisamente está el punto en que la distancia de Foucault y Habermas es mayor, justo donde encontramos la posibilidad de un diálogo entre ellos que no llegó a producirse, la cuestión de la normatividad de la crítica. La propia ambigüedad de la acusación de Habermas señala en esa misma dirección: una crítica total, como la de Foucault, pone en cuestión lo normativo pero, puesto que toda crítica tendría que ser normativa, no habría crítica total, tampoco la de Foucault, que sería, en definitiva, criptonormativa[6]. Lo que está en juego es el contenido normativo de la propia modernidad. Habermas, siguiendo a Weber, encuentra entre modernidad y racionalidad un lazo necesario que obliga a ambas a correr una misma suerte. La crítica total de la razón sería al mismo

---

[5] J. Habermas, *El discurso filosófico de la modernidad*, trad. de M. Jiménez Redondo, Taurus, Madrid, 1989, p. 149. La cita está referida a Horkheimer y Adorno pero se puede encontrar una afirmación similar referida a Foucault en la p. 296. Se puede ver, además, el artículo, publicado en 1981, «La modernidad: un proyecto inacabado», en J. Habermas, *Escritos políticos*, trad. de R. García Cotarelo, Península, Barcelona, 1988, pp. 265-283.

[6] Véase *El discurso filosófico de la modernidad*, ed. citada, pp. 337-339.

tiempo una crítica total de la modernidad, es decir, una salida de ella, la postmodernidad como contramodernidad. A partir de esos presupuestos, la Ilustración no sería sólo una época histórica, sino la formulación de un proyecto que es el propio *proyecto de la razón*; ser antiilustrado sería, entonces, ir en contra de *ese* proyecto e, incluso, de *la idea misma de proyecto*, que es genuinamente moderna. Y es cierto que en los análisis históricos de Foucault parecen encontrarse rasgos de los que deducir una opción antiilustrada y una crítica de la modernidad que converge, al menos parcialmente, con la *Dialektik der Aufklärung* de Adorno y Horkheimer: la «teoría» foucaultiana del poder puede ser vista como un ejercicio de desenmascaramiento de la fe ilustrada en el progreso y en la razón, la mostración de su rostro oculto en el hecho de la domesticación violenta de los cuerpos y en los procesos de dominación implicados en las sociedades disciplinarias modernas. *Surveiller et punir* (1975) confirma esta interpretación con afirmaciones como «Las "Luces" que han descubierto las libertades, han inventado también las disciplinas» (p. 224).

Pero el interés de Foucault por el acontecimiento histórico de la Ilustración no queda encerrado en esta vía crítica *francfortiana* y, al contrario, se encauza por un camino divergente, más allá o más acá de la dualidad *a favor* o *en contra*, camino que señala quizás una *vía nueva a la crítica*. Sólo si la Ilustración se entiende como un episodio de la historia trascendental de la razón, es decir, sólo si se le concede un contenido normativo, aparece como forzosa la pertenencia a uno de los dos partidos en conflicto, ilustrados o antiilustrados –sea para combatir el poder irracional o para desenmascarar a la propia razón como poder–. Desde uno y otro lado se trataría de llevar a cabo una crítica de la razón: en un caso una crítica reilustrada, si se considera que la razón encuentra en sí misma la normatividad que la puede depurar de las adherencias históricas indeseables que impiden su pleno ejercicio y, en el otro caso, una crítica total, si la razón, en un alarde de ejercicio desmitificador, pone en cuestión de manera suicida su propia validez normativa, incurriendo en una contradicción performativa y convirtiéndose en una mera «praxis de la negación» sin dirección e impotente para la teoría[7].

El *desplazamiento* que Foucault opera respecto a esta alternativa consiste en ensayar un ejercicio crítico cuya fuerza ha de ser extraída precisamente de su *carencia de fundamento normativo* y que, no obstante, no renuncia al pensamiento. Lo que para Habermas es el núcleo de su crítica a Foucault se convierte, de ese modo, inesperadamente, en índice de lo que en el pensamiento de éste escapa a la simple contradicción y se constituye en genuino problema filosófico. La conversión de la Ilustración en acontecimiento –su «eventualización» (*événementialisation*), como la llama Foucault–, es decir, la ruptura de su sujeción trascendental, le permite no caer en ninguno de los dos lados de aquella indeseable alternativa. Su desplazamiento, uno de los numerosos desplazamientos en los que cifra su

---

[7] Véase J. Habermas, *El discurso filosófico de la modernidad*, ed. citada, pp. 150 y 159-160.

ESTUDIO PRELIMINAR XV

apuesta filosófica, lo es fundamentalmente respecto a la crítica de la razón: Foucault rechaza la posibilidad de un juicio global de la Ilustración que se pudiera entender como una crítica de la racionalidad como tal[8]. Por eso mismo, tampoco considera teóricamente adecuada la noción de «racionalización» y, en su lugar, propone hablar de «racionalidades» diversas que han sido puestas en ejercicio en dominios técnicos, políticos, científicos, etc., y que habrían de ser efectivamente abordadas a través de un análisis «histórico-crítico», lo que se puede llamar una «historia contingente de la racionalidad»[9]. Ésta es un análisis de la racionalidad inscrita en ciertas prácticas, que no intenta medirlas con una norma de racionalidad que las hiciera aparecer como más o menos racionales.

Eso quiere decir que para Foucault la racionalidad es plural. Hay muchas formas de racionalidad, una racionalidad que se bifurca de modo múltiple e incesante, y no *una* racionalidad instaurada o descubierta en una especie de acto fundador que la dotara de la fuerza de un proyecto (que habría que restablecer no obstante cuando ciertas contingencias lo ocultan en el olvido) o, tampoco, una racionalidad que sea la forma por excelencia de *la* razón misma. Desde

---

[8] Véase «Postface à *L'impossible prison*» (1980), *DÉ*, IV, 36; «La poussière et le nuage» (1980), *DÉ*, IV, 16; «"Omnes et singulatim": Towards a Criticism of Political Reason» (1981), *DÉ*, IV, 135, 60-61, y «Le sujet et le pouvoir» (1982), *DÉ*, IV, 225.

[9] Así la llama en «Structuralism and Post-structuralism» (1983), *DÉ*, IV ,440. Sobre la racionalización, «Table ronde du 20 mai 1978» (1980), *DÉ*, IV, 26-27 y «Le sujet et le pouvoir», *DÉ*, IV, 225.

este punto de vista no parece tener sentido decir que hay una crisis de la racionalidad que anuncia el hundimiento de un largo relato y su sustitución por otro, como parecen sugerir algunos de los pensadores llamados postmodernos[10]. Este concepto plural de racionalidad intenta escapar al «chantaje de la Ilustración» por el que o se acepta globalmente la Ilustración, permaneciendo en la tradición racionalista, o se la critica globalmente, cayendo en el irracionalismo[11]. Este chantaje tiene la rentabilidad de evitar el análisis de las racionalidades que son puestas efectivamente en ejercicio en nuestros modos de actuar, es decir, impide hacer un análisis del «pensamiento» y, lo que es peor, contribuye a convertir lo real en necesario. Frente a ese chantaje, Foucault ha intentado pensar en sus análisis históricos sobre las prácticas del internamiento, de la penalidad, etc., una racionalidad que no habita en un sujeto –ni en su cabeza ni en su diálogo con otros sujetos–, sino que es un acontecimiento histórico singular, irreductible a ninguna teleología trascendental. La racionalidad de una práctica es el conjunto *abierto* de aconteci-

---

[10] Véase «Structuralism and Post-structuralism», *DÉ*, IV, 441, 447-448. En las pocas ocasiones en las que algún entrevistador quiso comprometerlo en el debate modernidad *versus* postmodernidad, Foucault no ha ido mucho más allá de reconocer que no entendía bien lo que eso quiere decir; véase sobre ello las pp. 446-447 de la citada entrevista, así como «¿Qué es la Ilustración?», p. 81 de esta edición, y «Space, Knowledge and Power» (1982), *DÉ*, IV, 278-279.

[11] Sobre el «chantaje» de la Ilustración, véase «Postface à *L'impossible prison*», *DÉ*, IV, 36-37; «Structuralism and Post-Structuralism», *DÉ*, IV, 440, y «¿Qué es la Ilustración?», p. 87 de esta edición.

mientos históricos múltiples –conjunto en que se anudan formas de pensar y formas de hacer– que la hacen aceptable o evidente en un momento dado, es decir, que la hacen existir históricamente[12]. Este planteamiento histórico y eventual de la racionalidad la liga indisolublemente a «sistemas de acción», a «regímenes de prácticas» a los que Foucault da un papel constituyente –aunque no trascendental– de campos de experiencia, donde se definen los sujetos y los objetos, y la relación de los sujetos con la verdad, con la norma y consigo mismos. Es esta racionalidad eventualizada lo que se denomina, propiamente, «pensamiento»:

> Por «pensamiento» entiendo lo que instaura, en diversas formas posibles, el juego de lo verdadero y de lo falso y que, en consecuencia, constituye al ser humano como sujeto de conocimiento; lo que funda la aceptación o el rechazo de la regla y constituye al ser humano como sujeto social o jurídico; lo que instaura la relación consigo mismo y con los otros, y constituye al ser humano como sujeto ético [«Préface à l'*Histoire de la sexualité*», 1984, *DÉ*, IV, 579].

Ese pensamiento fluido, vertido a la exterioridad de los acontecimientos, es el pensamiento cuya historia hace Foucault para mostrar la constitución histórica de nuestra experiencia. En esa operación, la historia del pensamiento aúna la ontología y la crí-

---

[12] Véase «Table ronde du 20 mai 1978» (1980), *DÉ*, IV, 22-25, y «¿Qué es la crítica? (Crítica y *Aufklärung*)», p. 29 de esta edición.

tica, unidad que permanece depositada, como veremos enseguida, en la pregunta «¿*Qué es la Ilustración*?».

II. LA DERIVA DE LA CRÍTICA MODERNA A PARTIR DE KANT

El conjunto de escritos que Foucault dedica al texto kantiano *Was ist Aufklärung?* no representa un interés de última hora por Kant. Su tesis complementaria de doctorado (1961) fue una traducción, con un trabajo introductorio de más de cien folios, de la *Antropología* de Kant. Pero, es más, Foucault ha definido su proyecto filosófico desde el principio en términos kantianos como *análisis de las condiciones de posibilidad* de la experiencia o del saber. Incluso la denominación de «arqueología» es un préstamo tomado de Kant[13]. En esta línea, *Histoire de la folie* (1961) seguía los encadenamientos de las «estructuras fundamentales de la experiencia», mostrando lo que ha hecho posible la aparición de la ciencia psicológica. Y en *Naissance de la clinique* (1963) se definía la arqueología explícitamente como *crítica*, análisis de las condiciones de posibilidad de la experiencia clínica. Pero hay que tener en cuenta

---

[13] El interés de Foucault por Kant, y por su texto sobre la Ilustración a partir de 1978, sólo puede ser interpretado como un «giro» de su pensamiento si hacemos de la relación Foucault-Ilustración una lectura habermasiana. Sobre ello, véase F. Vázquez, «"Nuestro pasado más actual". Foucault y la Ilustración», *Daímon. Revista de Filosofía*, n.º 7, 1993, pp. 133-144, en especial las pp. 134 y 136-137.

dos precisiones importantes, una referente al *factum* de la crítica y otra a su método, que muestran en qué medida el proyecto de Foucault se distancia de la crítica del conocimiento, asumiendo respecto a ella un *doble giro*, lingüístico e histórico:

Para Foucault, el dato del que parte la crítica hoy día no es, como en Kant, la existencia del conocimiento, sino el hecho de que *hay un lenguaje*[14]. Éste aparece como una nueva empiricidad en la época moderna, dejando de ser un simple medio trasparente de conocimiento y convirtiéndose él mismo en un objeto con espesor propio, junto con la vida y el trabajo. Los análisis llevados a cabo por Foucault en *Les mots et les choses* (1966) han puesto de manifiesto este aspecto. Es propio de estos nuevos objetos encerrar ellos mismos las condiciones de posibilidad del conocimiento de las formas de lenguaje, de los seres vivos, de las leyes de la producción: son «cuasi-trascendentales»[15]. Pero ¿cómo afecta esto a la crítica? Es el propio método trascendental el que se ve trastocado por ello. Las condiciones de posibilidad que la crítica trata de establecer son ellas mismas históricas, designando lo que Foucault llama un «*a priori* histórico», es decir, las condiciones de existencia de los conocimientos, no las condiciones que aseguran internamente su verdad. La crítica considera los conocimientos al margen de su valor racional, su

---

[14] Véase *Naissance de la clinique*, PUF, Paris, 1990, 2.ª ed., p. XII (*El nacimiento de la clínica. Una arqueología de la mirada médica*, trad. de F. Perujo, Siglo XXI, México, 1966, 1.ª ed., p. 10).

[15] Véase *Les mots et les choses*, Gallimard, Paris, 1966, p. 262 (*Las palabras y las cosas. Una arqueología de las ciencias humanas*, trad. de E. C. Frost, Siglo XXI, México, 1986, p. 245).

objetividad o su verdad, lo que le interesa es su existencia histórica, su historicidad propia, su materialidad plasmada en la existencia efectiva del lenguaje. La arqueología no es otra cosa que la historia de estas condiciones históricas de posibilidad: «[...] descifrar en el espesor de lo histórico las condiciones de la historia misma»[16]. La posibilidad de un conocimiento o una ciencia en su existencia histórica es referida, de ese modo, no a un sujeto fundador sino, *inversamente*, a prácticas históricas. Pero el desinterés por la dimensión de la verdad de los conocimientos es quizás una estrategia teórica del propio discurso foucaultiano, necesaria para evitar el trascendentalismo en la historia del pensamiento y que acaba mostrando su productividad al conducirnos a un radicalismo mayor que el de la crítica del conocimiento: la anulación de la dimensión de verdad no cesa de plantear a cada paso a Foucault *el problema* mismo de la verdad; es como si la cuestión de la verdad sólo se hiciera visible tras excluir, como finalidad de la crítica, la fundamentación de la verdad de los conocimientos. La cuestión es cómo acontece la verdad en la historia; es el problema de la doble e irreductible relación que el pensamiento guarda con la verdad *y* con la historia; el problema de pensar la *distancia* –de pensar *desde ella*– que esa «y» introduce en el pensamiento: «¿Cómo puede el pensamiento, en tanto que tiene una relación con la verdad, tener también una historia?»[17].

---

[16] *Naissance de la clinique*, p. 15 (la cita es de la primera edición, de la que es traducción la edición española de 1966; la segunda edición francesa introduce una modificación).
[17] «Le souci de la vérité» (1984), *DÉ*, IV, 668.

La referencia de la crítica a un sujeto trascendental queda con ello *anulada*. Pero no olvidemos que en este proyecto crítico se contiene el experimento que Foucault realiza con la propia filosofía: esta exclusión del sujeto trascendental del núcleo de la crítica no es el gesto arbitrario por el que Foucault intentaría invertir o subvertir la filosofía moderna aplicándole un criterio que la trasciende, sino que, al contrario, es para él expresión de algo que está ocurriendo en la modernidad. Este extraño movimiento, que parece sólo a primera vista la coartada de Foucault para su operación antimoderna, es consecuencia de la no-normatividad, que es ahora posible para la crítica. Ella misma sería un acontecimiento histórico, perteneciendo a la misma trama de acontecimientos cuyas condiciones –que también son eventuales– estudia. Ese carácter le obliga a una referencia constituyente a sí misma: vertida inevitablemente al presente, la crítica concierne al propio lugar desde el que se plantea, analiza el espacio desde el que habla. Pero esto quiere decir que la crítica no puede reclamar para sí la originariedad principal de un comienzo absoluto: «Estamos condenados históricamente a la historia, a la construcción paciente de discursos sobre los discursos, a la tarea de oír lo que ya ha sido dicho»[18]. En esta condena a la historia ha

---

[18] *Naissance de la clinique*, ed. cit., p. XII (trad. esp., p. 10). Éste es también el planteamiento que se hace en «Nietzsche, Freud, Marx» (1967), y que se puede formular en los tres postulados de la hermenéutica moderna: la interpretación es una tarea infinita, inacabada (no hay nada que interpretar); todo es interpretación (no hay nada que interpretar); la interpretación tiene la obligación de interpretarse a sí misma hasta el infinito (véase en especial *DÉ*, I, 569-574).

de leerse la manera en que Foucault interpreta el carácter autorreferencial de la crítica moderna, una cuestión que, posiblemente, Foucault comparte con Habermas[19]. Pero esa autorreferencialidad no significa para Foucault que la modernidad haya de establecer por sí misma su propia normatividad, sino que ha de reposar precisamente sobre la carencia de un suelo normativo.

El extremo de radicalidad de la crítica moderna se encuentra, según Foucault, en Nietzsche. Ya en 1961 —en su tesis complementaria sobre la *Antropología de Kant*— hallaba en él «la verdadera crítica», desveladora de la «ilusión antropológica» que, escondida detrás de la «ilusión trascendental», impide superar el lenguaje de la negatividad en que estaba recluída la crítica kantiana. Con Nietzsche sería posible un pensamiento de la finitud radical, ya no referida a ningún infinito, pensamiento no de los límites irrebasables, sino de la transgresión posible[20]. Esta radicalidad nietzscheana de la crítica concierne a una cierta perversión de lo originario que, en Foucault, hemos visto traducida en el experimento de una crítica sin fundamentos normativos. En los análisis históricos concretos emprendidos, trataba de

---

[19] Así lo interpreta M. Kelly en «Foucault, Habermas, and the Self-Referentiality of Critique», en M. Kelly (ed.), *Critique and Power. Recasting the Foucault/Habermas Debate*, MIT Press, Cambridge, 1994, pp. 365-400.

[20] Véase «Introduction à l'*Anthropologie* de Kant», Universidad de París, Facultad de Letras y Ciencias Humanas, Biblioteca de la Sorbonne, 1961, pp. 123-137. Esta cuestión será más tarde retomada en el capítulo IX de *Les mots et les choses* («L'homme et ses doubles»).

evitar una forma de historia del pensamiento (o del saber) de cuño antropológico –y de raíces platónicas– que reduce la historia a memoria de un sujeto absoluto: la historia como el desarrollo progresivo de la autoconciencia de un espíritu universal, escenario de la reconciliación con nuestra propia identidad. Su prototipo es la historia metafísica hegeliana, que resuelve la relación entre verdad e historia en una coincidencia reconciliadora: la verdad adviene en la historia. La genealogía nietzscheana, por el contrario, permite a Foucault diseñar una forma de historia no-antropológica, antiplatónica y antihegeliana, concebida como contramemoria, «historia de los acontecimientos». La tarea de la genealogía –como se afirma en «Nietzsche, la généalogie, l'histoire» (1971)– es «[...] señalar la singularidad de los acontecimientos fuera de toda finalidad [...]» (*DÉ*, II, 136), oponiéndose, de ese modo, a la búsqueda de un origen metafísico (*Ursprung*), lugar de la verdad, identidad esencial («lo que ya era» el ser). Frente a la historia como memoria del origen, la genealogía muestra que las cosas no poseen esencia, que en su comienzo histórico se halla lo dispar, lo innoble y lo bajo, en definitiva, simples acontecimientos, convirtiéndose de esa forma en una crítica que desfundamenta nuestras verdades al mostrar su procedencia puramente eventual y que abre la posibilidad de su transformación.

En el terreno de esta nueva radicalidad se plantea la unidad problemática de la crítica y la ontología. La nueva pregunta instaurada por Nietzsche, que sustituye a la vieja pregunta metafísica *¿qué es?* –de la cual el *¿qué puedo conocer?* kantiano no es más que una variante–, es *¿quién?, ¿quién habla?*, es la pregunta por la instancia realmente legisladora, es decir, creadora de interpretaciones, instancia activa capaz de conducir la crítica[21]. El *quién* no es el hombre, no es el sujeto, sino fuerzas en conflicto que dan lugar a interpretaciones que cobran realidad en el lenguaje. De ese modo, el hecho del que parte este modo radical de crítica, la existencia efectiva del lenguaje, es al mismo tiempo el dato de la historicidad radical de una realidad-interpretación y, la crítica, una ontología histórica. La arqueología de Foucault no había tomado otra cosa como objeto de sus análisis histórico-críticos: un discurso entendido como práctica que, al entrar en relaciones estratégicas con otras prácticas, se convierte en lugar de articulación de «lo que pensamos, decimos y hacemos» y, en suma, de constitución histórica de lo real. La pregunta por las condiciones de posibilidad del lenguaje, entendida al modo nietzscheano como la cuestión *¿quién habla?*, es la pregunta genealógica por las condiciones de emergencia y procedencia –condiciones simplemente históricas sin duda– de una realidad histórica y eventual. Es, la nueva pregunta de la crítica, la cuestión antimetafísica por una realidad disuelta en el flujo del devenir de interpretaciones.

Esto quiere decir que la crítica –y esto es algo que quizás la introducción a la *Antropología* y *Les mots et les choses* no acertaban a ver– no sólo debe salvar los escollos teológico y antropológico. Junto a la

---

[21] Véase *Les mots et les choses*, ed. cit., pp. 316-317, y «Nietzsche, Freud y Marx», *DÉ*, I, 573.

ilusión trascendental y a la antropológica, parece haber una *ilusión ontológica* que la crítica debe deshacer. Hay en Foucault una verdadera «revolución copernicana» cuyo desiderátum es el de retirar los ojos de los objetos naturales para atender a su proceso de constitución histórica a partir de prácticas: «[...] no hay cosas, sólo hay prácticas»[22]. La crítica de la ilusión ontológica es sólo posible, no obstante, convirtiéndose ella misma en una ontología de carácter negativo que, en la negación de la existencia sustancial de la realidad, cifra el movimiento de su transgresión afirmativa. Esa crítica sólo es posible como crítica de la realidad del presente, al cual pertenece ella misma: análisis de sus condiciones de posibilidad, mostración de su irrealidad y transgresión creadora de sí mismo.

Es evidente que la forma de crítica arqueológico-genealógica de Foucault pone en cuestión lo que la kantiana dejaba a salvo e intentaba garantizar: el conocimiento, la verdad, la propia realidad. Es una crítica intranquilizadora, desfundamentadora. Y, en primera instancia, es crítica de sí misma. La pregunta por el *quién* es esencialmente la pregunta por *quién critica*. Es quizás la única pregunta de la crítica. Y su único apoyo es el propio sitio desde el que se realiza: su único apoyo y su suelo más endeble. En él

---

[22] P. Veyne, «Foucault révolutionne l'histoire», en *Comment on écrit l'histoire*, Seuil, Paris, 1979, p. 226. Veyne formula, parafraseando a Kant, el sentido de dicha revolución copernicana en Foucault que, no obstante, se construye sobre una cierta *inversión* o, al menos *desplazamiento*, de la kantiana: si bien es cierto que los objetos son constituidos, no somos nosotros quienes mandamos, el sujeto no es originario (véase p. 212).

hace pie con vistas a descubrir, en una «investigación vertical», las fuerzas que lo han producido como interpretación ganadora: sus condiciones de emergencia histórica. En el momento mismo de tal descubrimiento, ese suelo se desploma por su propia falta de consistencia, su contingencia, su no-necesidad. Momento en que nuestras verdades se hunden por el peso de adherencia histórica, eventual y azarosa que poseen.

En su transformación por efecto de la radicalización nietzscheana, la crítica se ve conducida: desde el ámbito de las condiciones trascendentales de los conocimientos al de las condiciones histórico-eventuales de los discursos (el lenguaje en su existencia efectiva); desde la pretensión legitimadora de la verdad de nuestros conocimientos a la intención desfundamentadora de nuestras verdades. Con ese desplazamiento respecto de la teoría del conocimiento, la crítica se convierte en un arma de transformación de la actualidad y, cuando su distancia con Kant parece ser máxima –ésa es la paradójica operación de Foucault–, encontramos que toda nuestra cuestión no es sino *kantiana*: esa cuestión vuelta sobre sí misma, pendiente de la pertenencia a su actualidad discursiva, pregunta crítica que se topa con su propio espesor de interrogación y que, en un solo movimiento, se interroga por la verdad y por la historia, es antigua ya; es la cuestión que se repite una y otra vez, desde que fue formulada en 1784, en la pregunta *¿Qué es la Ilustración?*

III. EL DESFASE DE ILUSTRACIÓN Y CRÍTICA

¿Cómo entender que en Kant se halle, junto a la crítica del conocimiento, esta otra crítica de sesgo nietzscheano? Un hecho ha de ser tenido en cuenta y es que, con seguridad, la interpretación que Foucault ha hecho de Kant ha variado sustancialmente desde *Naissance de la clinique* o *Les mots et les choses* hasta sus escritos de los años ochenta[23]. Pero este hecho perteneciente a la historia biográfica del pensamiento de Foucault –y que algunos no dudarían en considerar la prueba de una «vuelta a Kant», es decir, a la modernidad, vuelta innecesaria porque desde un comienzo Foucault no ha dejado de estar allí– no soluciona nuestro problema porque esa diferente valoración adquiere un estatus teórico explícito en el discurso foucaultiano. En dos textos de los últimos años –«The Political Technology of Individuals» (conferencias de Vermont en 1982) y «Seminario sobre el texto de Kant *Was ist Aufklärung?*» (dictado, en 1983, en el Collège de France)–, Foucault ha situado en Kant el comienzo de las dos tradiciones críticas que recorren toda la filosofía moderna y que se presentan en cierto modo como *alternativas o*

---

[23] En la línea de otros comentadores norteamericanos, C. Norris sostiene la existencia de un cambio de posición radical en la valoración que Foucault hace de Kant en sus últimas entrevistas y escritos, correlativo a su supuesto abandono de la actitud extrema de sospecha nietzscheana. Véase «"What is Enlightenment?": Kant according to Foucault», en G. Gutting, *The Cambridge Companion to Foucault*, Cambridge University Press, New York, 1994, pp. 159-196.

polos opuestos: una que estudia las condiciones que hacen posible un conocimiento verdadero, la «analítica de la verdad» u «ontología formal de la verdad»; otra que se pregunta por la actualidad, por lo que somos nosotros mismos en el tiempo presente, y que adopta la forma de una «reflexión histórica sobre nosotros mismos», una «ontología de nosotros mismos» u «ontología del presente»[24]. Estas dos tradiciones plantean la «elección filosófica» a la que, según Foucault, nos encontramos enfrentados actualmente. La alternativa de estas dos tradiciones, una u otra, es, ella misma, el tema de la filosofía en la actualidad, el problema que toda filosofía se plantea de modo casi obligatorio. La primera forma de filosofía ha sido fundada por la gran obra crítica de Kant –aunque prolonga las cuestiones «tradicionales» de la filosofía: ¿qué es el hombre?, ¿qué es la verdad?, ¿qué es el conocimiento?–. La segunda, que se opone a esas cuestiones tradicionales, nace también con Kant, precisamente con el texto *Was ist Aufklärung?*, y a ella pertenecen Fichte, Hegel, Marx, Nietzsche, Weber, Husserl, Heidegger, la Escuela de Francfort y Foucault mismo, quien se incluye en esta tradición junto a esos autores.

La «cuestión del presente» se formula en su forma moderna por primera vez en el opúsculo de Kant *Was ist Aufklärung?* (1874). Foucault sitúa este texto «en la bisagra» entre la reflexión crítica y la reflexión sobre la historia. Extraña ubicación: ni puente para

---

[24] Véase «Seminario sobre el texto de Kant *Was ist Aufklärung?*», pp. 68-69 de la presente edición, y «The Political Technology of Individuals», *DÉ*, IV, 813-814.

transitar de una problemática a la otra, ni el muro que las separa, este texto articula doblemente esas cuestiones sin confundirlas ni reducir una a la otra, las articula al mantenerlas en su diferencia absoluta. Metáfora de la bisagra que se prolonga en la metáfora también foucaultiana de la «puerta giratoria»: puerta que abre y cierra –que abre al cerrar y cierra al abrir– al mismo tiempo las cuestiones de la verdad y la historia, que las mantiene abiertas en tanto que su simultaneidad es imposible, en tanto que cada una de ellas, alternativamente, ha de permanecer cerrada *mientras que* la otra se abre –y quizás *para que* se abra–[25]. Foucault sabe que este texto no representa la primera vez que un filósofo se refiere al presente. Pero en él aparece algo singular. No es simplemente que el presente sea el momento en que tomar –o el motivo para ello– una cierta decisión filosófica que, en sí misma, es ajena a él; esto se puede encontrar por ejemplo en el comienzo del *Discours de la méthode*. Junto a Descartes, Foucault cita a Platón, San Agustín y Vico como representantes de las tres formas principales en que se había entendido hasta ese momento la reflexión sobre el presente: el presente como perteneciente a una cierta edad del mundo, como portador de signos que anuncian un próximo acontecimiento, o como transición hacia un nuevo mundo, respectivamente[26].

---

[25] La metáfora de la bisagra se encuentra en «¿Qué es la Ilustración?», p. 80 de la presente edición. La de la puerta giratoria, en «Space, Knowledge and Power» (1982), *DÉ*, IV, 279.

[26] Véase «¿Qué es la Ilustración?», p. 73 de la presente edición. La referencia a Descartes se hace en «Seminario sobre el texto de Kant *Was ist Aufklärung?*», p. 54 de la presente edición.

Con el texto de Kant, por el contrario, el presente deja de ser comprendido a partir de una totalidad o de un acabamiento por venir y se busca en él lo que tiene de diferente, el presente como acontecimiento. El presente mismo se ha convertido en problema filosófico: «¿Qué es lo que pasa hoy día? ¿Qué es lo que pasa ahora? ¿Y qué es este "ahora" en cuyo interior nos encontramos unos y otros, y que define el momento en que escribo?» («Seminario sobre el texto de Kant...», p. 54 de la presente edición). Pero entendamos lo que esto quiere decir. No es que la filosofía se ocupe de la actualidad como de un objeto de reflexión teórica más, sino que, a partir de este momento, ése parece ser su único objeto. Y en él, además, ella misma se halla incluida, constituyéndose una *circularidad* que obliga a todo trabajo filosófico a un cuestionamiento de sí mismo. Lo que Kant ha descubierto con su pregunta por la Ilustración es no que en el conocimiento de algo esté incluida la referencia al sujeto constituyente, sino que la reflexión filosófica rebota sobre sí misma al intentar hacerse cargo de la actualidad. Al presente, por el cual se pregunta la filosofía, pertenece el filósofo que hace la pregunta: «[...] la cuestión del presente como acontecimiento filosófico al que pertenece el filósofo que de él habla» (p. 55). Esta cuestión es, entonces, también la cuestión «¿quiénes somos nosotros?»[27]. Es el primer momento en que la filosofía hace de su propia actualidad discursiva el problema fundamental. La filosofía moderna cuestionando su propia modernidad: momento en que la filosofía se entiende a sí

---

[27] Véase «The Subject and Power» (1982), *DÉ*, IV, 231.

misma como «discurso de la modernidad y sobre la modernidad». Si la Ilustración define a la filosofía moderna, desde el punto de vista de Foucault, no es a causa de una serie de ideas o doctrinas determinadas, sino *en tanto que pregunta*. Se podría afirmar que la filosofía moderna es la que se hace la pregunta *¿qué es la Ilustración?*:

> Imaginemos que el *Berlinische Monatsschrift* existe todavía en nuestros días y que plantea a sus lectores la pregunta: «¿Qué es la filosofía moderna?»; quizá se le podría responder como en eco: la filosofía moderna es la que intenta responder a la pregunta lanzada, hace dos siglos, con tanta imprudencia: *Was ist Aufklärung?* [«¿Qué es la Ilustración?», p. 72 de la presente edición].

La filosofía moderna –la de los siglos XIX y XX– deriva en gran medida de la pregunta kantiana, asumiendo la función, casi la obligación, de continuar y repetir esa pregunta introducida «de manera un poco subrepticia y como por accidente» en la filosofía del siglo XVIII. Cuestión repetida pero no respondida, repetida por no respondida: la filosofía moderna se define por no haber cesado de plantearse una pregunta que no ha sido capaz de responder. Foucault incluso propone, como tema de una posible investigación, hacer una genealogía, no de la noción de modernidad, sino de la modernidad como cuestión[28]. Si Foucault se alinea con la Ilustración,

---

[28] Véase «Seminario sobre el texto de Kant *Was ist Aufklärung?*» y «¿Qué es la crítica?...», pp. 57 y 21 de la presente edición, respectivamente.

lo hace *en este sentido*, en el que su trabajo no es más que el eco de esa pregunta repetida.

En la conferencia de 1978, «¿Qué es la crítica? (Crítica y *Aufklärung*)», su proyecto filosófico es presentado explícitamente como *repetición* de dicha pregunta, una repetición que, en gran medida, toma sus distancias respecto a Kant pero, justamente, a partir de la distancia interna que habita el propio proyecto kantiano. En Kant se ha producido un «desfase» entre *Aufklärung* y *Kritik* por el que se ha hecho depender la primera de la crítica del conocimiento. La llamada al coraje de saber (el lema kantiano de la Ilustración: *sapere aude!*) se traduce en la exigencia crítica de una autolimitación del uso de la razón que hace posible una obediencia coherente con la autonomía del sujeto. Es quizás la propia definición kantiana de Ilustración la que impone ese desfase: la minoría de edad en relación con la cual se define ésta, es principalmente la situación de heteronomía que se produce cuando el entendimiento supera los límites del conocimiento y cae en la fe ciega y el dogmatismo. Afirma Kant en su *Antropología*: «[...] un entendimiento meramente justo y recto se limitará a sí mismo respecto de la extensión del saber que se le exija, y el dotado con él procederá *modestamente*»[29]. Por eso, servirse del propio entendimiento sin la dirección de otro quiere decir asumir como única la guía racional, es decir, aceptar la ley de la razón como la única ley válida para el entendimiento y, en definitiva, ajustar éste a los

---

[29] *Antropología en sentido pragmático*, trad. de J. Gaos, Alianza, Madrid, 1991, p. 111.

ESTUDIO PRELIMINAR XXXIII

límites de aquélla. Aunque la Ilustración se pueda definir como «pensar por sí mismo», no deja de ser —y así se establece inmediatamente en el lugar en que esa definición aparece: *¿Qué significa orientarse en el pensamiento?*– un «principio negativo» en relación con la facultad de conocimiento[30]. La crítica, cuyo cometido es definir las condiciones del uso legítimo de la razón, se convierte de esa forma en el instrumento —«libro de a bordo», dice Foucault– de la *Aufklärung*, necesario para que la razón no caiga en tutela ajena. El coraje de saber es, entonces, al mismo tiempo, la aceptación —en la cual se juega para Kant realmente la libertad– de los límites que hacen a un saber legítimo[31].

En Kant, el desfase existente entre *Aufklärung* y crítica muestra que la «ontología del presente», ligada a la cuestión de la *Aufklärung*, está en dependencia de la «ontología formal de la verdad», ligada a la crítica del conocimiento. De ese modo, en el mismo momento en que la reflexión sobre la actualidad ha sido inaugurada, se habría producido su oscurecimiento tras la cuestión de la verdad de nuestros conocimientos. A partir de este desfase interpreta Foucault lo que ha sucedido en los dos últimos siglos: la crítica adopta el aspecto de una descon-

---

[30] Véase «¿Qué significa orientarse en el pensamiento?, en I. Kant, *En defensa de la Ilustración*, trad. de J. Alcoriza y A. Lastra, Eds. Alba, Barcelona, 1999, véase p. 182, y «Respuesta a la pregunta ¿Qué es Ilustración?», en J. B. Erhard, J. G. Herder, I. Kant y otros, *¿Qué es Ilustración?*, trad. de A. Maestre y J. Romagosa, Tecnos, Madrid, 4.ª ed., 1999.

[31] Véase «¿Qué es la crítica?...» y «¿Qué es la Ilustración?», pp. 14 y 79 de la presente edición.

fianza hacia la razón, motivada por sus efectos de poder indeseables. Crítica de la racionalización, del positivismo, de la tecnificación, que en Alemania se ha llevado a cabo desde la izquierda hegeliana y la Escuela de Francfort y que, en Francia, más tardíamente, ha sido planteada, a raíz de la recepción de la fenomenología y de su reflexión sobre la constitución del sentido (cómo la racionalidad puede nacer a partir de algo completamente otro), curiosamente, por los historiadores de las ciencias, como el problema de la historicidad de las ciencias[32].

Foucault sitúa su interés por la Ilustración en este marco histórico general. Su replanteamiento de la pregunta por la Ilustración se debe al «retorno» de esta cuestión en Francia: «Este problema, que en Francia estamos obligados a cargar de nuevo sobre nuestras espaldas, este problema de *¿qué es la Aufklärung?* [...]» («¿Qué es la crítica?...», p. 20 de la presente edición). Pero, al mismo tiempo que carga sobre sus espaldas esa pregunta, Foucault intenta trazar otra u otras vías posibles para planteársela. Y esta cuestión es interesante ya que muestra cómo se tematiza la pertenecia del discurso teórico a la trama histórica en la que se inserta: no se trata de que Foucault proponga, como única válida, una interpretación de la pregunta *¿qué es la Ilustración?*, que implicara la vanidad de las otras, ya que este problema «puede ser abordado por diferentes caminos». Su intención –así lo declara– no es polémica; su pretensión no es cerrar los caminos de análisis sino, al contrario, «[...] ver

---

[32] Véase «¿Qué es la crítica?...», pp. 16 ss. de esta edición, y «La vie: l'expérience, la science» (1985), *DÉ*, IV, 766-767.

hasta dónde se pueden multiplicar, desmultiplicar, demarcarlas unas de otras, dislocar, si quieren, las formas de análisis de este problema de la *Aufklärung* [...]» (p. 21): *repetición*, pues, y *variación* de la pregunta. A causa del desfase introducido por Kant, la cuestión ¿*qué es la Ilustración?*, se ha planteado hasta ahora –Foucault cita aquí a Habermas– en términos de conocimiento, como la pregunta por los fenómenos de dominación que ponen en cuestión la legitimidad de los conocimientos: «investigación sobre la legitimidad de los modos históricos de conocer» (p. 25). La propuesta de Foucault es *entrar* en la cuestión de la *Aufklärung*, no por el problema del conocimiento, sino por el problema del poder: no investigación sobre la legitimidad, sino «prueba de eventualización» (*épreuve d'événementialisation*). Se trata de analizar las conexiones que se establecen entre mecanismos de coerción (que adquieren la forma y la justificación de un elemento racional, calculado, etc.) y contenidos de conocimiento (que son portadores, en tanto que considerados como válidos, de efectos de poder) con vistas a mostrar las condiciones que hacen *aceptable* una práctica determinada o una forma de pensar. Y para «neutralizar» la cuestión de la legitimidad, la propuesta de Foucault es introducir dos nociones con un mero papel metodológico –simples «rejillas de análisis» y no entidades, trascendentales, o principios generales de la realidad, como han querido ver algunos intérpretes–, como son las de *saber* y *poder*, nociones que han de sustituir a las de conocimiento y dominación.

La tesis de que poder y saber no son incompatibles, sino mutuamente productivos y constituyentes, representa al mismo tiempo dos de los desplazamientos que caracterizan a los análisis arqueológico-genealógicos foucaultianos: tratar los saberes fuera del dilema ciencia/ideología y analizar las relaciones de poder como positivas y productivas, no como prohibiciones o represiones[33]. El primer desplazamiento supone la distancia de la arqueología respecto de la tesis marxista según la cual las circunstancias político-económicas determinan el saber deformándolo. Pero, más allá, esta idea de que hay una antinomia entre saber y poder, se remonta a Platón –aunque es fruto de un proceso de descomposición que culmina, según Foucault, en la época clásica griega– y constituye el «gran mito occidental» que, tomando a Nietzsche como modelo, se propone cuestionar. De esa forma, queda en suspenso el postulado humanista ilustrado de que el desarrollo del conocimiento es la garantía indudable de la liberación de la humanidad[34]. El segundo desplazamiento supone una toma de distancia respecto a la concepción negativa y jurídica del poder –que hunde sus raíces en la Edad Media– y la opción por una concepción estratégica, múltiple y relacional, en que el poder es analizado en su papel productivo[35].

---

[33] Véase *L'usage des plaisirs*, Gallimard, Paris, 1984, pp. 10-12 (*Historia de la sexualidad 2. El uso de los placeres*, trad. de E. Soler, Siglo XXI, Madrid, 1987, pp. 8-10).

[34] Véase «Conversazione con Michel Foucault» (1980), *DÉ*, IV, 89. En este punto, los trabajos de Foucault conectan sin duda con los de la Escuela de Francfort. Véase además «A verdade e as formas jurídicas» (1974), *DÉ*, II, 570.

[35] Sobre esta crítica, véanse, entre otras, las siguientes referencias: *La volonté de savoir*, Gallimard, Paris, 1976, pp. 109 ss. (*His-*

La eventualización descubre los «nexos» o «dispositivos» de saber/poder que hacen posible la aceptación de una práctica como, por ejemplo, la locura como enfermedad mental, o el encierro penitenciario, en un momento histórico determinado, por tanto, que la hacen aceptable, no en general, sino sólo donde efectivamente es aceptada. La noción de «aceptabilidad» que Foucault maneja no está, pues, referida a un valor-patrón racional desde el cual se juzgara la legitimidad de ciertas prácticas o formas de pensamiento. La eventualización, al descubrir su «sistema de aceptabilidad» en términos de los nexos saber/poder –operación que en «¿Qué es la crítica?» es llamada *arqueología*–, analiza esas prácticas en su «positividad», es decir, en su historicidad, en su dimensión de acontecimientos históricos irreductibles a episodios de una historia trascendental de la razón. Las positividades son analizadas, no como universales que fueran concretados por la historia, sino como «singularidades puras»: «[...] singularidad como la locura en el mundo occidental moderno, singularidad absoluta como la sexualidad, singularidad absoluta como el sistema jurídico-moral de nuestros castigos» («¿Qué es la crítica?...», p. 30). Pero el enfoque eventualizador de la pregunta *¿Qué es la Ilustración?* tiene un efecto crítico fundamental: la

---

toria de la sexualidad 1. La voluntad de saber, trad. de U. Guiñazú, Siglo XXI, Madrid, 1984, pp. 100 ss.); «Corso del 14 gennaio 1976» (1977), *DÉ*, III, 176-178; «Pouvoirs et stratégies» (1977), *DÉ*, III, 423; «As malhas do poder» (1981), *DÉ*, IV, 185-186; «Cours du 28 janvier 1976», en M. Foucault, *«Il faut défendre la société». Cours au Collège de France. 1976*, Hautes Études/Gallimard/Seuil, Paris, 1997, pp. 57-74, véanse pp. 59-60.

ruptura de las evidencias[36]. La eventualización muestra que las positividades no son evidentes por sí mismas, que no son algo necesario, muestra sus condiciones de emergencia puramente eventual y, así, permite pensar en su desaparición posible. Convertir una práctica o forma de pensar en un acontecimiento –que eso es lo que, propiamente, significa «eventualizar»– es desfundamentarlo críticamente sin recurrir a una norma exterior de verdad trascendente a la propia trama histórica. Aquí se reconoce la operación *genealógica*[37]. La fuerza de esta crítica arqueológico-genealógica reside en su carácter *estratégico*. Por un lado, la red de relaciones que el análisis eventualizador intenta descubrir es esencialmente móvil y abierta, las interacciones que en ella se producen no son causales sino estratégicas: no explican por qué una singularidad es un resultado necesario, sino más bien en qué medida, al integrarse en una estrategia móvil y reversible, esa singularidad se produce como efecto contingente y, por tanto, transformable. Pero, por otro lado, el análisis eventualizador no sólo explica sino que *actúa*. No lleva a cabo su crítica recurriendo a aquello mismo que ha dejado a un lado, mostrando la ilegitimidad de una singularidad, enjuiciándola universal y externamente. Al contrario, la eventualización es la acción –ella misma estratégica– que se ejerce en

---

[36] En «Table ronde du 20 mai 1978», que junto con «¿Qué es la crítica? (Crítica y *Aufklärung*)» es el único texto en que Foucault define su metodología como «eventualización», considera que ésa es «la primera función teórico-política» del procedimiento eventualizador: véase *DÉ*, IV ,23.

[37] Véase «¿Qué es la crítica?...», p. 31 de esta edición.

esa red estratégica en que emergen las singularidades analizadas, sobre ese «dominio de posibilidad» que puede ser desenlazado y cuyo equilibrio puede ser roto. Es el punto en que las objeciones de Habermas sobre la irrenunciabilidad de los supuestos normativos de toda crítica, caen en el vacío[38].

La repetición de la pregunta *¿qué es la Ilustración?*, hecha desde el sesgo de la eventualización, en suma, permite una *oscilación* de sentido contrario –Foucault habla de intentar un «camino inverso»– a la que se había producido con el desfase kantiano: la crítica pasa a depender ahora de la cuestión de la *Aufklärung*, es decir, la cuestión de la verdad se halla *pendiente* –no eliminada, por tanto– de la cuestión del presente. Hacer, en este sentido, de la *Aufklärung* «la cuestión central», tiene como consecuencia fundamental el compromiso con una cierta forma de filosofía que se aloja en el intersticio entre la historia y la filosofía, las cuales se intercambian e interfieren, y que se distancia tanto de la historia de la filosofía como de la filosofía de la historia. En la primera introducción que Foucault escribió para *Histoire de la sexualité* –pero que no se publicó como tal, sino en inglés, en la recopilación de P. Rabinow *The Foucault Reader* (1984)–, se define la «historia del pensamiento» en esa doble referencia: por un lado, a la filosofía, que se plantea el interrogante de si el pensamiento puede tener una historia,

---

[38] Véase D. Eribon, *Michel Foucault et ses contemporains*, Fayard, Paris, 1996, p. 306. Este autor afirma que la «polémica» entre Foucault y Habermas ha sido, hasta cierto punto, fabricada por el contexto intelectual norteamericano.

es decir, si puede entenderse como algo existente, un acontecimiento singular; referencia, por otro lado, a la historia, que se ocupa del pensamiento puesto en juego en las prácticas históricas[39]. La nueva práctica «histórico-filosófica» aborda el problema general de las relaciones entre verdad e historia: ¿puede seguir reclamando para sí una verdad el pensamiento –es decir, se puede seguir pensando– si se convierte en un acontecimiento histórico?, ¿son compatibles la verdad y la universalidad del pensamiento y su materialidad? La «historia del pensamiento» hace que la historia adquiera dimensión filosófica al preocuparse de lo que los hombres han considerado verdad; hace también que la filosofía se ejerza de modo histórico al asumir como tarea mostrar cómo se han producido esas verdades históricamente. Ni filosofía ni historia, la «historia del pensamiento» es filosófica por ser histórica, histórica por ser filosófica: trueque de los contenidos de la filosofía y la historia, *interferencia* de verdad e historicidad. Desde aquí –al margen de la *solución hegeliana* de una manifestación histórica de la verdad– la filosofía deja de encontrar en la historia el escenario de su escepticismo (la lección de que toda verdad, por ser histórica, es negación de la verdad) y la historia deja de encontrar en la filosofía el germen del dogmatismo (la pretensión de verdad parece ir en contra del reconocimiento de la historicidad de toda afirmación verdadera): desplazamiento de la aporía verdad/historia.

---

[39] Véase «Préface à l'*Histoire de la sexualité*» (1984), *DÉ*, IV, 580-581.

Quizás el mérito de Foucault en este punto es haber señalado cómo esta aporía fue unida al destino de la filosofía moderna por la pregunta lanzada por Kant y Mendelssohn. La Ilustración –el «siglo filosófico», no lo olvidemos– representa el momento en que la filosofía sufre una especie de *desdoblamiento insuperable*: o bien revelar simplemente las significaciones de la época a que pertenece, o bien establecer la ley general que prefija la figura de cada época, es decir, filosofía que pertenece a un presente histórico del que saca toda su potencia y validez –o su impotencia y relatividad–, filosofía a la que pertenecen la validez y el sentido racionales de cada época histórica. Desdoblamiento de la filosofía que enseña la doble cara de la razón, esa «especie de espiral» o «puerta giratoria de la racionalidad» que la filosofía *debe aceptar*: razón indispensable y, al mismo tiempo, intrínsecamente peligrosa, razón que aspira a la universalidad pero se desarrolla en la contingencia, autónoma en su estructura pero lastrada de inercias históricas, «la razón como despotismo y como luz», «luz despótica»[40]. Desdoblamiento de la racionalidad que tiene más que ver con su ambigüedad que con su parcialidad superable (Habermas). Serie de desdoblamientos que se prolongan en el del momento presente mismo: ¿depende de un proceso

---

[40] Sobre este desdoblamiento de la filosofía y de la razón: «Introduction by Michel Foucault» (introducción a la edición americana de 1978 del libro de Canguilhem *On the Normal and the Pathological*), *DÉ*, III, 433; «Space, Knowlwedge and Power» (1982), *DÉ*, IV, 279, y «La vie: l'expérience et la science» (reedición modificada en 1984 de la introducción citada antes al libro de Canguilhem), *DÉ*, IV, 768.

histórico general o es el momento en que «la historia misma debe descifrarse en sus condiciones»? Esta constelación es la que hace, a los ojos de Foucault, que la *Aufklärung* se convierta en *problema central* para el pensamiento. No es, por tanto, su herencia o los restos de ella que haya que preservar lo que para él se halla puesto en juego, sino –dicho con una frase en que Foucault expone concisamente el problema– el hecho de que la pregunta por la Ilustración ha planteado la cuestión a partir de la cual pensamos hoy: «la cuestión de la historicidad del pensamiento de lo universal»[41].

Pero la repetición/inversión que Foucault ha llevado a cabo de la cuestión de la *Aufklärung* implica una *transformación pragmática* en la noción de verdad, que afecta al propio estatus del discurso foucaultiano, transformación que es, propiamente, la condición del carácter no-normativo de la crítica y de la eventualización de la misma filosofía. Y es que en el replanteamiento de esta pregunta se encierra la pregunta por la propia filosofía. Lo que Foucault ha empredido con esta repetición es una *metafilosofía* no legisladora o trascendental, que se construye singularmente desde dentro de la trama histórica eventual –desde la negación, por tanto, de la dimensión del «meta-»– y en la muy paradójica forma de una reflexión externa de la propia filosofía, como si ésta sólo adquiriese su norma disolviéndose eventualmente. Esta disolución corre pareja de la aceptación foucaultiana del carácter ficticio de su discurso. Sus aná-

---

[41] «Seminario sobre el texto de Kant *Was ist Aufklärung?*», p. 67 de esta edición.

ESTUDIO PRELIMINAR XLIII

lisis histórico-filosóficos se presentan explícitamente como *ficciones* históricas: «[...] en esta práctica histórico-filosófica se trata de hacerse su propia historia, de fabricar como una ficción la historia [...]»[42]. En parte, estos análisis utilizan métodos que pertenecen al repertorio tradicional de los historiadores, pero las reglas veritativas por las que se rigen no son las mismas que las de la historia: no se trata para Foucault de decir lo que ha pasado, sino de liberarnos de ello. De modo que la ficción histórica tiene la finalidad de producir efectos reales sobre nuestro presente y, en esa medida, adquiere una verdad –verdad de carácter político– que no poseía con anterioridad. En este sentido, la ficción histórica puede entenderse como una verdadera experiencia, «experiencia de lo que somos» o «de nuestra modernidad» –como la llama Foucault en la entrevista mantenida con D. Trombadori en 1978–, de la que hemos de salir transformados y en la que se anuda una «difícil relación» entre la ficción y la verdad: «Es ésa la relación difícil con la verdad, la manera en que esta última se encuentra comprometida en una experiencia que no está ligada a ella y que, hasta cierto punto, la destruye»[43]. Verdad y ficción entran en un «juego» en el que la una no excluye a la otra, sino que ambas se refuerzan de modo que, por un lado, la ficción es capaz de inducir efectos de verdad y, por otro, la ver-

---

[42] «¿Qué es la crítica?...», p. 21 de esta edición. Véase «Foucault Examines Reason in Service of State Power» (1980), *DÉ*, IV, 40.
[43] «Conversazione con Michel Foucault» (1980), *DÉ*, IV, 45. Véase «Les rapports de pouvoir passent à l'intérieur des corps» (1977), *DÉ*, III, 236.

dad puede fabricar algo hasta ahora inexistente, es decir, es capaz de «ficcionar». De esa forma, Foucault replantea el tema nietzscheano de una verdad que, como ficción, afirma la realidad transfigurándola, verdad ya no opuesta al poder, sino inserta en una red de relaciones de poder en la que no sólo dice, sino que hace cosas. La ficción sería aquel pensamiento que deviene verdadero cuando se hace real en el presente y se convierte en un acontecimiento que puede obrar sobre otros acontecimientos. La verdad del discurso está, de ese modo, ligada frágil pero necesariamente al presente al que pertenece. Y todo el problema de la filosofía se concentra en esa relación de pertenencia que sólo se hace visible cuando es deshecha: la filosofía como «experiencia de nuestra modernidad», centrada en la cuestión del presente.

IV. LA FILOSOFÍA COMO ACTITUD DE MODERNIDAD

Lo que Foucault encuentra en el texto kantiano *Was ist Aufklärung?* es la concepción de la filosofía como «experiencia de nuestra modernidad». Pero para ello debe pasar por una reinterpretación en términos estéticos del concepto de modernidad. No se trata de entender la modernidad como una época que se pueda situar en el calendario. Su propuesta es considerarla como una *actitud* y no como un período de la historia:

> Y por actitud quiero decir un modo de relación con respecto a la actualidad; una elección voluntaria que hacen algunos; en fin, una manera de pen-

sar y de sentir, una manera también de actuar y de conducirse que, simultáneamente, marca una pertenencia y se presenta como una tarea. Un poco, sin duda, como eso que los griegos llamaban un *ethos* [«¿Qué es la Ilustración?», p. 81 de la presente edición].

Es esto lo que parece plantearse por primera vez en el texto de Kant: el esbozo de la «actitud de modernidad». El paso de lo normativo a lo eventual, de la modernidad como concepto de época a la modernidad como actitud, se produce en ese texto como el paso de la horizontalidad a una verticalidad: Kant no es, sin duda, el primero que entiende el momento presente como modernidad pero, hasta ahora, ésta había sido concebida en una relación «longitudinal» con el pasado, al hilo del problema de si la antigüedad es un modelo a imitar o un valor que hay rechazar, mientras que la nueva pregunta por la modernidad, contenida en el texto kantiano, es planteada en una relación a la propia actualidad, que Foucault no duda en llamar «sagital»[44]. Modernidad referida *verticalmente* al presente, extraída de su inserción niveladora en la historia continua de la razón o de la verdad, convertida en actitud en relación con la propia actualidad. Dicho con las palabras con que Habermas interpreta a Foucault: «Descubre así Foucault en Kant el *primer* filósofo que, como un arquero, dirige la flecha al corazón de un presente condensado en la actualidad y, con ello, inaugura el

---

[44] Véase «Seminario sobre el texto de Kant *Was ist Aufklärung?*», p. 57 de esta edición.

discurso de la Modernidad»[45]. Pero ¿qué se encierra en esta metáfora del pensamiento como una flecha lanzada en vertical al presente? La flecha hace del presente su blanco y atraviesa todo su espesor. Su afilada punta penetra en ese espesor y lo horada: espesor y hueco del presente, presente blanco y vacío. Habermas tiene quizás razón al hablar de un «presente condensado» porque indica hasta qué punto el presente por el que se interroga la filosofía tiene una densidad propia. Pero esa densidad es, al mismo tiempo, la de su diferencia respecto a todo pasado y respecto a sí mismo, la densidad que sólo la falta de presencia le confiere. El establecimiento del valor específico del presente se halla ligado al problema ontológico de una realidad completamente eventual. Ese lazo reside en la paradójica operación de una negación de la realidad del presente que es, al mismo tiempo, la afirmación de su pleno valor: ¿es ésta la negación propia de una crítica no-dialéctica, negación tan negativa que afirma plenamente?

El presente foucaultiano, esto es, el presente que se ha convertido en el tema inevitable de la filosofía moderna, es un *presente sin presencia*. Ésta no es una afirmación exclusivamente ontológica sino también crítica: es un presente *des-presentificado*. Es imposible no ver aquí una oposición a la fenomenología, a la de Husserl y a la de Hegel. En Hegel, es cierto, es central, como en Foucault, la idea de que la filosofía es «hija de su tiempo» y que ha de ser por ello

---

[45] «La flecha en el corazón del presente. (Acerca de la conferencia de Foucault sobre "Qué es la Ilustración?" de Kant)», en J. Habermas, *Escritos políticos*, ed. cit., p. 100.

ESTUDIO PRELIMINAR XLVII

fiel a su propio presente. Pero, en este filósofo, la estructura dialéctica de la historia hace de cada presente una etapa en que se conservan, negadas y sublimadas, las experiencias históricas anteriores de la humanidad, las cuales se hallan de modo inmanente en nosotros mismos: presente pleno de realidad pero privado de su carácter diferencial de acontecimiento, que es disuelto en el curso de un destino racional. La fenomenología husserliana, por su parte, concibe el presente como fundamento de la historicidad, presente vivo que, al guardar las retenciones de presentes pasados y las protenciones de presentes futuros, es memoria –como el hegeliano– de la totalidad de sentido adquirida anteriormente[46]. Ambos presentes fenomenológicos son concebidos como momentos de revelación de la verdad o el sentido, son ellos mismos esa manifestación visible y patente, el *lugar* de la irrupción de lo trascendental en lo eventual, de la verdad en la historia –y reducen la historia a historia de la verdad–. La realidad de ese presente consiste en la negación de su eventualidad histórica, de su azar, su sinsentido.

Foucault ha encontrado en la literatura actual, en Blanchot, una forma de proceder «opuesta» a la metafísico-fenomenológica. Al igual que Hegel, Blanchot habría reactualizado y dado un sentido nuevo a las grandes formas de la cultura occidental

---

[46] Véase E. Husserl, *L'origine de la géométrie,* traducción e introducción de J. Derrida, P.U.F., Paris, 1962, p. 160. Para la crítica de Foucault al presente metafísico-fenomenológico, véase J. de la Higuera, *Michel Foucault: La filosofía como crítica,* Comares, Granada, 1999, pp. 81 ss. y 151 ss.

pero, al revés que Hegel, para mostrar que las obras literarias del pasado nunca podrán ser inmanentes a nuestra experiencia histórica, sino que «existen afuera» y que nuestra relación con ellas es de exterioridad. Frente a la memoria, el olvido como relación[47]. Partiendo de presupuestos heideggerianos, Blanchot ha hallado la expresión literaria de este presente no-fenomenológico en Mallarmé, en su concepción de una palabra poética, esencial y pensante, que tiene como misión, no ya dar las cosas en su presencia originaria, sino hacerlas desaparecer, mostrarlas como ausentes o, si se quiere, hacerlas aparecer en su ausencia. Para Blanchot, se trata de un presente en que sólo se hace presente su ausencia de ser[48]. No caben en ese presente ni la presencia del recuerdo ni la de un proyecto futuro. Siempre inactual, desplazado, extemporáneo respecto a sí mismo, ese presente posee una falta de ser que puede ser pensada como eternidad, aunque sólo la de lo que se repite incesantemente: eternidad sin unidad, presente sin plenitud.

La estructura de la pregunta por el presente es exactamente la de la pregunta *¿qué es...?*, cuestión filosófica por excelencia. Pero la pregunta por la esencia se halla aquí pervertida por la pequeñísima diferencia entre el ser y el acontecimiento, entre «lo que no pasa» y «lo que nos pasa», diferencia que lleva a la filosofía al límite de sí misma. El aconte-

---

[47] Véase «Kyôki, bungaku, shakai» («Folie, littérature et société») (1970), *DÉ*, II, 125.
[48] Blanchot, M., *L'espace littéraire*, Gallimard, Paris, 1955, p. 26.

ESTUDIO PRELIMINAR XLIX

cimiento es esa «materialidad incorporal» –como era caracterizado por Foucault en términos deleuzianos y estoicos en «Theatrum Philosophicum» y en *L'ordre du discours* (1970)– que «[...] no existe pero que deviene algo que, sin embargo, continúa sin existir»[49]. La filosofía que se pregunta por el acontecimiento asume una función –a la vez crítica y clínica– de *diagnóstico* de la actualidad. Si éste se pregunta de nuevo «¿qué es el presente?», no lo hace en busca de su identidad esencial –que es la nuestra– sino de su diferencia respecto al pasado y a sí mismo[50]. El diagnóstico es *diferenciante*, es decir, es crítico al modo de la genealogía: acción de restitución de las condiciones histórico-eventuales de emergencia de las positividades actuales (la locura, la sexualidad, la penalidad, etc.) que muestra que éstas carecen de evidencia por sí mismas, que no son necesarias o incambiables, que, en suma, no existen sustancialmente, sino que sólo son acontecimientos singulares surgidos de una nube de otros acontecimientos históricos azarosos y contingentes. De modo que la comprensión del presente corre parejas con una eventualización que lleva consigo su des-

---

[49] Esta enigmática afirmación se encuentra en «Naissance de la biopolitique», cinta magnetofónica publicada en *De la gouvernementalité. Leçons d'introduction aux cours des anées 1978 et 1979* (contiene dos casetes de noventa minutos: «Naissance de la biopolitique» y «Sécurité, territoire et population»), Éds. du Seuil, Paris, 1989, cara 2.

[50] Sobre esta idea de que el diagnóstico muestra que «somos diferencia», véase *Archéologie du savoir*, Gallimard, Paris, 1969, pp. 172-173 (*La arqueología del saber*, trad. de A. Garzón, Siglo XXI, México, 1988, p. 223).

presentificación: decir el presente es, al mismo tiempo, decir que el presente *no es*. ¿Puede decirse realmente lo que no es? ¿Cómo puede sacarse de la irrealidad del presente su valor irreductible, de la vacuidad una densidad propia? Si, concediéndole mucho a la dialéctica, vemos en Foucault una crítica de la concepción metafísico-fenomenológica del presente –aunque sea lateralmente–, ésta se podría formular: «*ese* presente no es más que algo irreal». Y si Foucault pretendiera superar dialécticamente esa concepción habría de decirnos qué forma de comprender el presente es más adecuada: «tal presente –así y así concebido– es el real» (o dicho de otro modo: «la realidad *es* esto y esto»). Pero Foucault *no sale* de aquello que critica y, para él, es válida la afirmación por la que quedaba invalidada la ontología que criticaba: «el presente no es más que irrealidad». Ésta no es quizás *otra* ontología. No es, propiamente, una forma de comprender el presente –no dice qué es–, sino de criticarlo –dice que el presente no es; dice «no» al presente–. No es tanto *otra* ontología como *lo otro* de la ontología. Y la operación foucaultiana alcanza su tono más paradójico: comprender el presente *es lo mismo* que destruir el presente –en la forma de una destrucción de las evidencias que lo definen–. La ontología sólo puede cumplirse como crítica desfundamentadora, esto es, dejando de intentar responder teóricamente a la pregunta por la esencia del presente y pasando a convertirse en una acción de transformación del mismo, lo cual sólo puede ser entendido desde la conversión del pensamiento y de la filosofía misma en acontecimientos. Ciertamente, la ontología-crítica es *otra* ontología, pero lo es en la

ESTUDIO PRELIMINAR LI

medida en que se torna en una *ontología de la acción*: negativa y afirmativa a un tiempo, esa ontología muestra que la realidad no existe propiamente y extrae de su inexistencia la condición de posibilidad de una afirmación renovada de lo real, de una recreación transformadora de lo existente, que no obstante continúa sin existir. La nueva realidad que el pensamiento-acción crea al des-presentificar lo existente es también una realidad sin presencia, ante la cual sólo cabe una nueva des-presentificación.

Este *paso al límite* de la filosofía en que Foucault busca su misma posibilidad, no le lleva a un «post-» —que sólo podría entenderse en un esquema dialéctico de la historia—, es una vuelta a la actitud definitoria de la modernidad, a la modernidad como actitud. Para caracterizar esa «actitud de modernidad» que parece encontrarse en el texto de Kant *Was ist Aufklärung?*, Foucault se sirve de lo que considera «un ejemplo casi necesario»: la teoría de la modernidad de Baudelaire. Podría discutirse por qué lee Foucault a Kant a partir del escritor francés, encontrando en este recurso, como ha hecho algún comentarista, «el paso de Kant a Baudelaire», es decir, de un discurso ilustrado sobre la modernidad a un discurso modernista, un «cambio brusco» en el concepto de crítica hacia un planteamiento meramente esteticista[51]. Pero esta interpretación deja escapar la operación textual consistente en leer a Kant *con* Baudelaire. En la conferencia de 1983 «¿Qué es la Ilustración?», Foucault expone la teoría de la moder-

---

[51] Véase C. Norris, «"What is Enlightenment?": Kant according to Foucault», en *op. cit.*, pp. 173-176.

nidad de Baudelaire para, a continuación, caracterizar el *ethos* filosófico que enraíza en la Ilustración y con el cual él mismo identifica su proyecto filosófico de una «ontología histórica de nosotros mismos». ¿Hay una conexión esencial entre la doctrina de Baudelaire y la de Foucault? ¿Es esto lo que quiere decir cuando afirma que es «un ejemplo *necesario*»? ¿Qué conexión hay entre la doctrina de la modernidad y la concepción de la filosofía?

Veamos primero la interpretación que Foucault da de Baudelaire y lo que el mismo Baudelaire parece decir. Su definición de la modernidad no se limita a señalar –como habitualmente se cree– la conciencia de la discontinuidad del tiempo, de lo efímero y de lo nuevo, como rasgos propios de la actualidad. Ser moderno para Baudelaire no es sólo ser sensible a ese movimiento y esa transitoriedad, sino «tomar una cierta actitud en relación con ese movimiento». Tres rasgos fundamentales ve Foucault en la «actitud de modernidad», tal y como es definida por Baudelaire. En primer lugar, esa actitud puede entenderse como una «heroización del presente»: «esta actitud voluntaria, difícil, consiste en apoderarse de algo eterno que no está más allá del instante presente, ni detrás de él, sino en él» (p. 82 de esta edición). De esa forma, la modernidad se distingue de varias actitudes o fenómenos que podrían confundirse con ella: de la moda, que se limita a seguir el curso del tiempo, de la sacralización que intenta perpetuar el momento presente y, por último, de la *flânerie*, mero placer frívolo por lo fugitivo y por la circunstancia. El segundo rasgo es que esta actitud de modernidad consiste en una «transfiguración de lo real»:

ESTUDIO PRELIMINAR LIII

Transfiguración que no es anulación de lo real, sino juego difícil entre la verdad de lo real y el ejercicio de la libertad; [...]. Para la actitud de modernidad, el alto valor del presente es indisociable de la obstinación en imaginarlo de otra manera y en transformarlo, no destruyéndolo sino captándolo tal cual es. La modernidad baudelariana es un ejercicio en el que la extrema atención a lo real es confrontada con la práctica de una libertad que simultáneamente respeta esa realidad y la viola [pp. 84-85].

Tercer rasgo: la actitud de modernidad es en Baudelaire, además de una forma de relacionarse con el presente, una forma de relación consigo, consistente en tomarse a sí mismo como objeto de elaboración, entender la propia existencia como obra de arte. Esta actitud se encarna en el dandi.

La reflexión de Baudelaire se construye a partir de la distinción de dos elementos siempre unidos de la belleza, uno eterno e invariable, el otro variable y circunstancial. Este último es «la envoltura divertida», «el aperitivo» que hace digerible para la naturaleza humana «el dulce divino»[52]. La modernidad es definida por él en términos de esa belleza circunstancial: «La modernidad es lo transitorio, lo fugitivo, lo contingente, la mitad del arte, cuya otra mitad es lo eterno y lo inmutable» (*op. cit.*, 361); la modernidad es «[...] la belleza misteriosa que [una época] puede contener, por mínima y ligera que sea» (*loc. cit.*). Pero esa belleza contingente, que es propia del pre-

---

[52] «El pintor de la vida moderna», en *Salones y otros escritos sobre arte*, trad. de C. Santos, Visor, Madrid, 1996, p. 351.

sente, tiene algo de irreductible a lo simplemente pasajero y efímero. Por ese motivo la modernidad se distingue de la moda: «Se trata para él [para "el pintor de la vida moderna"] de separar de la moda lo que puede contener de poético en lo histórico, de extraer lo eterno de lo transitorio» (*loc. cit.*). Esta eternidad que se extrae *de* lo transitorio –a la cual se refería Foucault al decir que es lo eterno que no está más allá, ni detrás, sino *en* el instante presente– no es ya la eternidad divina que está fuera del tiempo. La eternidad del presente es para Baudelaire lo que da su gracia particular a cada época, lo que cada momento tiene de original, «[...] pues casi toda nuestra originalidad proviene del sello que el *tiempo* imprime a nuestras sensaciones» («El pintor...», p. 363). Hay algo real y valioso en el instante presente, aunque mero accidente o diferencia, que el pintor de la vida moderna es capaz de encontrar. Baudelaire afirma que calificaría al pintor de la vida moderna –personificado en el pintor Constantin Guys– como «filósofo», si no fuera porque «su amor excesivo» por las cosas visibles y tangibles le inspiran una «[...] cierta repugnancia hacia aquellas que forman el reino impalpable del metafísico» (p. 358).

¿Cuál es la consistencia de esa eternidad de lo efímero, de esa realidad de lo meramente eventual? Esa eternidad no tiene realmente para Baudelaire una consistencia ontológica propia y, más que encontrada, ha de ser creada –o quizás las dos cosas–. Es «lo fantástico real de la vida» (p. 363), la «fantasmagoría extraída de la naturaleza» (p. 360), que se superpone a la realidad natural sin negarla, pero intensificándola: «Y las cosas renacen sobre el papel, naturales y más que naturales, bellas y más que bellas [...]» (*loc. cit.*). ¿Cómo puede algo fantástico o imaginario ser al mismo tiempo la realidad genuina del presente? Roger Caillois, en su «Paris, mythe moderne», ha visto en la teoría baudelariana del carácter épico de la vida moderna un intento de acrecentar el papel de la imaginación en la vida, de encontrar en la imaginación una fuente de acción. Contrariamente al héroe romántico, desgraciado o enfermizo, cuyos instintos reprime la sociedad y que abandona la acción, en Baudelaire, Balzac o Sue se encuentra un héroe animado de voluntad de poder, tipo humano rebelde y creador. Las exigencias que los románticos se limitaban a satisfacer en el arte son ahora integradas en la vida, con lo cual aquél parece renunciar a su mundo pretendidamente autónomo. Caillois interpreta que es el momento en que la literatura –el mito, la ficción– se convierte en algo «serio» y se abre «la posibilidad de derivar la estética hacia la dramaturgia [...]»[53]. En Baudelaire, el esteticismo está ligado a su antinaturalismo. Si el arte debe tomar posesión de la vida es porque la naturaleza es fuente sólo de horror y de crueldad: la virtud moral y la belleza estética son puramente artificiales, el resultado de una reforma de la naturaleza, de una elevación por encima de ella. De ahí el papel que concede a la imaginación como productora de lo nuevo: «La imaginación es la reina de lo verdadero, y lo *posible* es una de las provincias de lo verdadero. Está positivamente emparentada con el infini-

---

[53] R. Caillois, *Le mythe et l'homme*, Gallimard, Paris, 1938, p. 174.

to»[54]. Y, llevando su antinaturalismo a una tesis de carácter ontológico, la dedicatoria de *Les paradis artificiels* afirmaba: «El sentido común nos dice que las cosas de la tierra existen sólo muy escasamente, y que la verdadera realidad está únicamente en los sueños»[55].

En su texto, tras exponer la definición baudelairiana de la modernidad, Foucault procede a exponer la concepción de la filosofía como *ethos* sin aclarar explícitamente cuál es la relación entre aquella definición y esta concepción, que es la suya propia: ninguna distancia entre una y otra, tampoco ninguna reivindicación. En la Ilustración enraiza un «*ethos* filosófico» que Foucault define como «crítica permanente de nuestro ser histórico» o, con expresiones equivalentes, como «crítica y creación permanente de nosotros mismos en nuestra autonomía», «crítica de lo que decimos, pensamos y hacemos». ¿Cuál es la relación interna que hay entre la definición de Baudelaire y la caracterización que Foucault hace del *ethos* filosófico? ¿Qué función tiene la utilización de la doctrina de Baudelaire en el discurso foucaultiano?

En primer lugar, en su interpretación de Baudelaire, Foucault veía en la actitud de modernidad la

---

[54] «Salón de 1859», III, en *Salones y otros escritos sobre arte*, ed. cit., p. 236.

[55] C. Baudelaire, *Pequeños poemas en prosa. Los paraísos artificiales*, trad. de J. A. Millán Alba, Cátedra, Madrid, 2000, p. 145. En «Salón de 1859»: «todo el universo visible no es sino un almacén de imágenes y signos a los que la imaginación dará un lugar y un valor relativo» (en *Salones y otros escritos sobre arte*, ed. cit., p. 242).

indisociabilidad del «alto valor del presente» y de la «obstinación en imaginarlo de otra forma», de «la extrema atención a lo real» (respeto por lo real) y de la «transfiguración de lo real» (violación de lo real). Pero, en último término, ¿no son indisociables porque son efectivamente la misma cosa? ¿No es el valor de lo real, que exige ser respetado, al mismo tiempo, aquel aspecto imaginario, ficticio, esa parte de exterioridad que le pertenece y que hace de lo real algo que por no tener una forma esencial puede ser creado, que permite producir lo nuevo? El «alto valor del presente» coincide de esa forma con su no-necesidad, su contingencia eventual –el haber emergido como acontecimiento a partir de otros acontecimientos– y, por ello mismo, es indisociable de la posibilidad de su transformación creadora. El valor del presente es indisociable del «espacio de libertad» que en él se abra[56]. El *ethos* filosófico, entendido como «actitud límite» –éste es el primer rasgo definitorio que da Foucault–, transforma la crítica que, al modo kantiano, se ejercía en la forma de la limitación necesaria, en una crítica práctica y positiva ejercida «[...] bajo la forma de la transgresión (*franchissement*) posible» (p. 91 de la presente edición). Crítica que, frente a la trascendental, Foucault describe como arqueológica y genealógica. Investiga los acontecimientos históricos «[...] que nos han llevado a constituirnos y a reconocernos como sujetos de lo que hacemos, pensamos, decimos» (*loc. cit.*), analizando –arqueológicamente– los discursos que lo articulan

---

[56] Véase «Structuralism and Post-Structuralism» (1983), *DÉ*, IV, 449.

y le dan la mera consistencia de acontecimientos históricos. Su finalidad, que es la de «[...] relanzar tan lejos y tan ampliamente como sea posible el trabajo indefinido de la libertad» (p. 92), no obstante, la marca la genealogía, encargada de *extraer de* la misma contingencia de lo real la posibilidad de crear una nueva realidad:

> Y esta crítica será genealógica en el sentido de que no deducirá de la forma de lo que somos lo que nos es imposible hacer o conocer; sino que extraerá, de la contingencia que nos ha hecho ser lo que somos, la posibilidad de no ser, de no hacer, o de no pensar, por más tiempo, lo que somos, lo que hacemos o lo que pensamos [pp. 91-92].

La indisociabilidad entre el valor y la transgresión de lo real tiene un referente histórico, señala el reto al que debe enfrentarse el hombre moderno y que hace de él un héroe: encarar la ausencia de fundamento, de verdad, de sentido, de manera creativa. En esa actitud coinciden el «nihilista extremo» nietzscheano y el dandi de Baudelaire –representante, según él, de «[...] el último destello de heroísmo en las decadencias»–, aunque ambos tienen como antepasado al *Aufklärer*, cuya mayoría de edad reside propiamente en aceptar que la acción debe dejar de basarse en verdades fundamentales de las que se puedan deducir normas de carácter universal[57]. Pero esa

---

[57] La actitud de modernidad es interpretada en este sentido por H. L. Dreyfus y P. Rabinow en «Habermas et Foucault. Qu'est-ce que l'âge de l'homme?», en *Critique*, n.º 471-472 (especial Foucault: «M. Foucault: du monde entier»), agosto-septiembre de 1986, pp. 856-872, véanse pp. 867-868.

indisociabilidad tiene además un presupuesto ontológico. La imaginación –la ficción–, que es el arma fundamental de la actitud de modernidad, no tiene el papel de destruir dialécticamente lo real, ya que no se opone a ello, sino el de intensificarlo *llevándolo a su límite*, en el cual no puede sino ser-otro[58]. ¿Qué tipo de realidad es ésta que puede ser promovida y creada por la ficción? La realidad que puede ser producida nuevamente –al igual que la realidad que ha sido transgredida– nunca adquiere una necesidad metafísica, sino que se mantiene en la existencia como mera realidad histórica y eventual. Éste es el sentido de la «ontología histórica» de Foucault. En su seno hay una ontología de carácter negativo –inspirada en Nietzsche pero confirmada por el antinaturalismo de Baudelaire– que afirma la irrealidad del presente, su falta de esencia y consistencia. Esa negatividad permite a la ontología ser, al mismo tiempo, una crítica que lleva a cabo la eventualización del presente, no fundándose en un principio normativo universal, sino crítica del presente que se realiza desde ese mismo presente en la forma de una acción estratégica.

Pero, en segundo lugar, la cuestión de qué papel adopta la crítica en relación con el presente al que pertenece permite introducir la cuestión del papel (doble) de Baudelaire en el discurso foucaultiano. Por un lado, Baudelaire representa, como el propio

---

[58] «[La contestación] no es el esfuerzo del pensamiento por negar unas existencias o unos valores, es el gesto que reconduce cada uno de ellos a sus límites y, por ahí, al Límite en que se cumple la decisión ontológica [...]» («Préface à la transgression», 1963, *DÉ*, I, 238).

Foucault reconoce, un ejemplo –aunque sea especialmente relevante por reconocerse en él «una de las conciencias más agudas de la modernidad en el siglo XIX»– de las «diferentes formas que la actitud de modernidad ha podido tomar en el curso de los siglos». Su definición de la modernidad sería considerada entonces una doctrina sobre un objeto determinado: el arte, o el papel del arte en la vida. En ese sentido, Baudelaire pertenece a la historia de la modernidad que Foucault pretende construir. Pero, por otro lado, la caracterización baudelairiana de la modernidad es para Foucault definitoria de lo que él hace cuando practica su discurso histórico-filosófico, es una afirmación, no sobre un objeto determinado que sea problematizado por la interrogación filosófica, sino sobre *la propia filosofía*. En ese sentido, Baudelaire constituye, no una parte más de la historia de la modernidad, sino el lugar desde el que Foucault construye esa historia. Es quizás ese el sentido no demasiado evidente en que Baudelaire era para Foucault un «ejemplo casi *necesario*». Es cierto que en la reflexión de Baudelaire no hay una tematización del sentido o valor de la filosofía, pero la cuestión de la modernidad que él se plantea *es la cuestión misma de la filosofía*: el problema de la modernidad –su desvinculación respecto a criterios normativos externos– es el problema de si es posible o no una filosofía no-normativa –el problema de cómo es posible la filosofía hoy–. De tal modo que la búsqueda de un concepto filosófico de modernidad –en Baudelaire, en Hegel, en Habermas o en Foucault– es también la del concepto que la filosofía se hace de sí misma. Por ese motivo, en el texto «¿Qué es la Ilustración?», Foucault procedía *silenciosamente* a conectar el concepto filosófico de modernidad con el concepto de la filosofía como actitud de modernidad. Foucault ha definido su filosofía de la manera en que Baudelaire ha definido la modernidad: como actitud en relación con el presente, actitud de crítica permanente de nosotros mismos, que carece de fundamentos normativos universales. Lo que Foucault encuentra en Baudelaire no es simplemente una definición de la modernidad como actitud, sino como *actitud filosófica*. Así pues, el papel que desempeña Baudelaire en el texto de Foucault es el de permitirle construir una metafilosofía que, sin embargo, paradójicamente, se cuestiona al mismo tiempo la dimensión normativa y, por tanto, la posibilidad de algo así como una (meta)filosofía: la universalidad del pensamiento es posible si éste se convierte en acontecimiento; la verdad es posible si se convierte en ficción.

Pero seamos coherentes con la radicalidad de Foucault. Si la práctica histórico-filosófica de Foucault construye ficciones históricas con una finalidad crítica, esa metafilosofía que él construye en la forma de una teoría de la modernidad, ha de ser también una ficción histórica. ¿Se halla la descripción de su práctica histórico-filosófica dentro de lo que él mismo describe? Esa metafilosofía *plantea* la circularidad constitutiva del discurso de Foucault, que era también la propia circularidad de la pregunta *¿qué es la Ilustración?*: pregunta por el presente al que pertenece esa pregunta, discurso filosófico eventual sobre la historicidad del pensamiento de lo universal. Y, más que plantearla, esa metafilosofía *realiza la circularidad y el exceso* de toda filosofía –la pretensión de hablar desde un lugar que esté más allá del sitio desde donde se habla–: es una reflexión sobre la filosofía que excede al discurso filosófico pero que, al mismo tiempo, intenta decir ese exceso en un discurso filosófico; su verdad universal sólo puede ser aplazada y negada a un tiempo: reside en su capacidad de disolver nuestras certidumbres y de producir otra forma de pensar, es decir, de ficcionar.

PROCEDENCIA DE LOS TEXTOS

1. ¿QUÉ ES LA CRÍTICA? (CRÍTICA Y *AUFKLÄRUNG*)

«Qu'est-ce que la critique? [Critique et Aufklärung*]».–* Exposición ante la Sociedad Francesa de Filosofía, en la sesión del 27 de mayo de 1978, seguida de una discusión. Publicada póstumamente en *Bulletin de la Société française de Philosophie*, año 84.º, n.º 2, abril-junio de 1990, pp. 35-63. Texto francés revisado, a partir de la transcripción de Monique Emery, por Suzanne Delorme, Christiane Menasseyre, François Azouvi, Jean-Marie Beyssade y Dominique Seglard. Esta conferencia no está incluida en *Dits et écrits* (Gallimard, París, 1994), 4 vols., donde se recogen prácticamente todos los artículos, conferencias, entrevistas, prefacios, etc., de Foucault, publicados entre 1954 y 1988. La traducción que aquí se presenta apareció por primera vez en *Daímon. Revista de Filosofía*, n.º 11, 1995, pp. 5-25. No existen otras traducciones de este texto en castellano.

ESTUDIO PRELIMINAR LXIII

2. Seminario sobre el texto de Kant *Was ist Aufklärung?*

«Qu'est-ce que les Lumières?».–Transcripción, revisada por el propio Foucault, del curso del 5 de enero de 1983 en el Collège de France. Aparece publicado por primera vez en *Magazine Littéraire*, n.º 207, mayo de 1984, pp. 35-39, incorporado al dossier que la revista dedica a Foucault, quien fallece un mes más tarde. El texto está precedido del siguiente epígrafe: «Primer curso del año 1983: Foucault interpreta el texto de Kant *Was ist Aufklärung?*». Recogido de nuevo con el título antes mencionado en *Dits et écrits IV, 1980-1988*, Gallimard, París, 1994, pp. 679-688. Además de la traducción que aquí se presenta [aparecida en F. Jarauta (ed.), *La crisis de la razón*, Universidad de Murcia, Murcia, 1986, pp. 13-24], existe otra de este texto en castellano: la de J. Varela y F. Álvarez-Uría en M. Foucault, *Saber y verdad*, La Piqueta, Madrid, 1985, pp. 197-207.

3. ¿Qué es la Ilustración?

«What is Enlightenment?».–Se trata de una conferencia impartida en Estados Unidos, en Berkeley, en otoño de 1983. El texto apareció por vez primera en inglés, en Paul Rabinow (ed.), *The Foucault Reader*, Pantheon Books, New York, 1984. La versión original francesa, a partir de la cual ha sido realizada la presente traducción, apareció en *Magazine Littéraire*, dossier «Kant et la modernité», n.º 309, abril de 1993, pp. 61-74, con una breve nota introductoria de François Ewald. Ha sido reeditado en *Dits et écrits IV*, ed. citada, pp. 562-578. La traducción que aquí se presenta apareció por primera vez en *Daímon. Revista de Filosofía*, 1993, n.º 7, pp. 5-18. Existen otras traducciones castellanas: la de J. A. Jácome

en *Revista de Pensamiento Crítico*, n.º 1, mayo-julio de 1994, pp. 5-22; y la de Á. Gabilondo, en M. Foucault, *Obras esenciales III. Estética, ética y hermenéutica*, Paidós, Barcelona, 1999, pp. 335-352.

Estos tres textos son transcripciones de seminarios o conferencias impartidas por Foucault y, por ello, conservan los giros y las imprecisiones propias del discurso oral. En las traducciones, se ha respetado al máximo el estilo oral del autor, pero también se ha procurado que la versión castellana no perdiese por ello claridad y fluidez.

BIBLIOGRAFÍA

AZÚA, F. de: *Baudelaire y el artista de la vida moderna*, Pamiela, Pamplona, 1991.
BAUDELAIRE, C.: *Salones y otros escritos sobre arte*, trad. de C. Santos, Visor, Madrid, 1996.
CAMPILLO, A.: «Usos de Foucault», *Daímon. Revista de Filosofía*, n.º 2, 1990, pp. 229-239.
— «Para una crítica de la revolución: la filosofía política de Michel Foucault», en E. Bello, (ed.), *Filosofía y revolución*, Universidad de Murcia, Murcia, 1991, pp. 241-277.
— «Foucault y Derrida: historia de un debate sobre la historia», *Daímon. Revista de Filosofía*, n.º 11, 1995, pp. 59-82.
COOK, D.: «Remapping Modernity», *British Journal of Aesthetics*, n.º 30, enero de 1990, pp. 35-45.
DE LA HIGUERA, J.: *Michel Foucault: La filosofía como crítica*, Comares, Granada, 1999, caps. 3, 4, 5 y Epílogo.
DERRIDA, J.: «Cogito e historia de la locura», en *La escritura y la diferencia*, Anthropos, Barcelona, 1989, pp. 47-89.
— «"Ser justo con Freud". La historia de la locura en la edad del psicoanálisis», *ER. Revista de Filosofía*, 17/8, 1994-5, pp. 105-158.
DREYFUS, H. L., y RABINOW, P.: «Habermas et Foucault: Qu'est-ce que l'âge d'homme?», *Critique*, n.º 471-2, agosto-septiembre de 1986, pp. 857-872.

ERIBON, D.: «'L'impatience de la liberté' (Foucault et Habermas)», en *Michel Foucault et ses contemporains*, Fayard, Paris, 1994, pp. 289-311.
FLYNN, B. C.: «Michel Foucault and the Husserlian Problematic of a Transcendental Philosophy of History», *Philosophy Today*, vol. XXII, n.° 3/4, 1978, pp. 224-238.
FLYNN, T. R.: «Foucault and the Politics of Postmodernity», *Nous*, n.° 23, septiembre de 1986, pp. 187-198.
FRASER, N.: «Michel Foucault: A "Young Conservative"?», *Ethics*, n.° 96, octubre de 1985, pp. 165-184.
HABERMAS, J.: «La flecha en el corazón del presente. (Acerca de la conferencia de Foucault sobre "Qué es la Ilustración?" de Kant)», en J. Habermas, *Escritos políticos*, trad. de R. García Cotarelo, Península, Barcelona, 1988, pp. 98-103 [también publicado en castellano en R. Maíz, (comp.), *Discurso, poder, sujeto. Lecturas sobre Michel Foucault*, Universidad de Santiago, Santiago de Compostela, 1987, pp. 9-12].
— «La modernidad: un proyecto inacabado», en J. Habermas, *Escritos políticos*, Barcelona, Península, 1988, pp. 265-283.
— *El discurso filosófico de la modernidad*, trad. de M. Jiménez Redondo, Taurus, Madrid, 1989, caps. 9, 10 y 12.
HONNETH, A.: «Foucault et Adorno. Deux formes d'une critique de la modernité», *Critique*, agosto-septiembre de 1986, n.ºs 471-472 (especial Foucault: «Michel Foucault: du monde entier»), pp. 801-815.
INGRAM, D.: «Foucault and Habermas on the Subject of Reason», en G. Gutting, (ed.), *The Cambridge Companion to Foucault*, Cambridge University Press, New York, 1994, pp. 215-261.
JANICAUD, D.: «Racionalidad, fuerza y poder. Foucault y las críticas de Habermas», en VVAA, *Michel Foucault, filósofo*, Gedisa, Barcelona, 1990, pp. 279-296.
JAUSS, H. R.: «Tradición literaria y conciencia actual de la modernidad», en *La historia de la literatura como provocación*, trad. de J. Godo Costa y J. L. Gil Aristu, Península, Barcelona, 2000.
JAY, M.: «Habermas y el modernismo», en VVAA, *Habermas y la modernidad*, Cátedra, Madrid, 1991, pp. 195-220.
KELLY, M. (ed.): *Critique and Power: Recasting the Foucault/ Habermas Debate*, MIT Press, Cambridge, 1994. Incluye varios textos de Foucault y de Habermas, así como artículos

de A. Honneth, N. Fraser, R. Bernstein, T. McCarthy, J. Smith, T. E. Wartenberg, G., Deleuze, J., Sawicki y M. Kelly.

López Álvarez, P., y Muñoz, J. (eds.): *La impaciencia de la libertad. Michel Foucault y lo político*, Biblioteca Nueva, Madrid, 2000.

McCarthy, T.: «Filosofía y teoría crítica en Estados Unidos. Foucault y la Escuela de Francfort», *Isegoría*, n.º 1, mayo de 1990, pp. 49-84.

Moreno, J. L.: «Foucault: la ética ante el hecho de la dominación», *Er. Revista de Filosofía*, n.º 21, octubre de 1996, pp. 65-88.

Morey, M.: «"Érase una vez...": Michel Foucault y el problema del sentido de la historia», en R. Maíz, (comp.), *Discurso, poder, sujeto. Lecturas sobre Michel Foucault*, Universidad de Santiago, Santiago de Compostela, 1987, pp. 45-54.

— «Sobre el estilo filosófico de Michel Foucault. Una crítica de lo normal», en *Michel Foucault, filósofo*, Gedisa, Barcelona, 1990, pp. 116-126.

Navarro Cordón, J. M.: «Proyecto y filosofía. A propósito de "El proyecto filosófico" de Foucault», publicado en alemán como «Projekt und Philosophie. Zum "philosophischen Projekt" Foucaults», en V. Rühle (ed.), *Beiträge zur Philosophie aus Spanien*, Alber-Reihe Philosophie, Freiburg/München, 1992, pp. 191-210.

Norris, C.: «"What is Enlightenment?": Kant and Foucault», en G. Gutting (ed.), *The Cambridge Companion to Foucault*, Cambridge University Press, New York, 1994, pp. 159-196.

Poster, M.: «Foucault, el presente y la historia», en VVAA, *Michel Foucault, filósofo*, Gedisa, Barcelona, 1990, pp. 298-312.

Rabinow, P.: «Modern and Countermodern: Ethos and Epoch in Heidegger and Foucault», en G. Gutting, (ed.), *The Cambridge Companion to Foucault*, Cambridge University Press, New York, 1994, pp. 197-214.

Rorty, R.: «Habermas y Lyotard sobre la postmodernidad», en VVAA, *Habermas y la modernidad*, Cátedra, Madrid, 1991, pp. 253-276.

Rosset, C.: *La antinaturaleza*, Taurus, Madrid, 1974, cap. 3.

Vázquez, F.: «Rechazos y retornos de la ilustración. La crítica foucaultiana de una ilusión», en R. García del Pozo, y F. Vázquez, *Perspectivas de Foucault*, Sevilla, 1987, pp. 37-41.

ESTUDIO PRELIMINAR LXVII

- «"Nuestro pasado más actual". Foucault y la Ilustración», *Daímon. Revista de Filosofía*, n.º 7, 1993, pp. 133-144.
- *Foucault. La historia como crítica de la razón*, Montesinos, Barcelona, 1995, caps. 1, 2 y 3.

VEYNE, P.: «Foucault révolutionne l'histoire», en *Comment on écrit l'histoire*, Seuil, Paris, 1979, pp. 201-242 (hay traducción española en Alianza Editorial).

VILLACAÑAS BERLANGA, J. L.: «Crítica y presente: sobre las bases de la Ilustración kantiana», Introducción a I. Kant, *En defensa de la Ilustración*, trad. de J. Alcoriza y A. Lastra, Eds. Alba, Barcelona, 1999, pp. 9-61.

WELLMER, A.: «De la dialéctica entre modernidad y postmodernidad: crítica de la razón después de Adorno», en A. Wellmer, *Sobre la dialéctica de modernidad y postmodernidad*, Visor, Madrid, 1992, pp. 51-112.

SOBRE LA ILUSTRACIÓN

¿QUÉ ES LA CRÍTICA?
(CRÍTICA Y *AUFKLÄRUNG*)*

HENRI GOUHIER. Señoras, señoritas, caballeros, en primer lugar quisiera agradecer a Michel Foucault que haya incluido esta sesión en la agenda de un año muy cargado, ya que contamos con él, no diré al día siguiente, pero sí a los dos días de un largo viaje al Japón. Esto explica que la convocatoria enviada para esta reunión sea más bien lacónica; pero por eso mismo la comunicación de Michel Foucault es una sorpresa y, como pensamos que es una buena sorpresa, no hago esperar por más tiempo el placer de escucharlo.

MICHEL FOUCAULT. Le agradezco infinitamente que me haya invitado a la presente reunión ante esta Sociedad. Creo que ya presenté aquí una comunicación hace una decena de años, sobre el tema *¿Qué es un autor?*[1].

---

* Traducción y notas de Javier de la Higuera.

[1] «Qu'est-ce que un auteur?», conferencia ante la Sociedad Francesa de Filosofía, celebrada el 22 de febrero de 1969 y publicada en el *Bulletin de la Société française de Philosophie*, año

En cuanto a la cuestión de la que quisiera hablarles hoy, no le he dado título. El señor Gouhier ha querido decirles con indulgencia que es a causa de mi estancia en Japón. Realmente, es una muy amable atenuación de la verdad. Digamos que, efectivamente, hasta estos últimos días, no había encontrado título; o, más bien, había uno que me rondaba pero que no he querido elegir. Van a ver por qué: hubiera sido indecente.

En realidad, la cuestión de la que quería hablarles, y de la que aún quiero hacerlo, es: *¿Qué es la crítica?* Habría que intentar decir algunas palabras en torno a este proyecto que no cesa de formarse, de prolongarse, de renacer en los confines de la filosofía, en sus alrededores, contra ella, a sus expensas, en la dirección de una filosofía por venir, quizás en el lugar de toda filosofía posible. Y me parece que entre la alta empresa kantiana y las pequeñas actividades polémico-profesionales que llevan este nombre de crítica, ha habido en el Occidente moderno (fechado grosera, empíricamente, a partir de los siglos XV-XVI) una cierta manera de pensar, de decir, también de actuar, una cierta relación con lo que existe, con lo que sabemos, con lo que hacemos, una relación con la sociedad, con la cultura, también una relación con los otros, que podríamos llamar la actitud crítica. Seguramente se extrañarán de oír decir

---

63, n.º 3, julio-septiembre de 1969, pp. 73-104, reeditada en M. Foucault, *Dits et écrits I, 1954-1969*, Gallimard, Paris, 1994, pp. 789-821 (traducción española de M. Morey, en M. Foucault, *Obras esenciales, I. Entre filosofía y literatura*, Paidós, Barcelona, 1999, pp. 329-360).

que hay algo como una actitud crítica y que sería específica de la civilización moderna, cuando ha habido tantas críticas, polémicas, etc., e incluso cuando los problemas kantianos tienen sin duda unos orígenes mucho más lejanos que los siglos XV-XVI. Nos extrañaremos también de ver que se intenta buscar una unidad a esta crítica, cuando parece conducida por naturaleza, por función, diría que por profesión, a la dispersión, a la dependencia, a la pura heteronomía. Después de todo, la crítica no existe más que en relación con otra cosa distinta a ella misma: es instrumento, medio de un porvenir o una verdad que ella misma no sabrá y no será, es una mirada sobre un dominio que se quiere fiscalizar y cuya ley no es capaz de establecer. Todo eso hace que la crítica sea una función subordinada en relación con lo que constituye positivamente la filosofía, la ciencia, la política, la moral, el derecho, la literatura, etc. Y, al mismo tiempo, sean cuales fueren los placeres o las compensaciones que acompañan a esta curiosa actividad de crítica, parece que comporta con bastante regularidad, casi siempre, no sólo una exigencia de utilidad, que ella invoca, sino también una suerte de imperativo más general que le sería subyacente –imperativo más general aún que el de excluir los errores–. Hay algo en la crítica que tiene parentesco con la virtud. Y, de una cierta forma, aquello de lo que quería hablarles era la actitud crítica como virtud en general.

Para hacer la historia de esta actitud crítica hay muchos caminos. Quisiera simplemente sugerirles éste, que es un camino posible, una vez más, entre muchos otros. Propondría la variación siguiente: la pastoral cristiana, o la iglesia cristiana en tanto que desplegaba una actividad precisa y específicamente pastoral, ha desarrollado la idea –singular, creo, y extraña completamente a la cultura antigua– de que cada individuo, cualesquiera que sean su edad, su estatuto, y esto de un extremo al otro de su vida y hasta en el detalle de sus acciones, debía ser gobernado y debía dejarse gobernar, es decir, dirigir hacia su salvación, por alguien a quien le liga una relación global y al mismo tiempo meticulosa, detallada, de obediencia. Y esta operación de dirección hacia la salvación en una relación de obediencia a alguien debe hacerse en una triple relación con la verdad: verdad entendida como dogma; verdad también en la medida en que esta dirección implica un cierto modo de conocimiento particular e individualizante de los individuos; y, por último, en la medida en que esta dirección se despliega como una técnica reflexiva que comporta unas reglas generales, unos conocimientos particulares, unos preceptos, unos métodos de examen, de confesiones, de entrevistas, etc. Después de todo, no hay que olvidar que lo que, durante siglos, se ha llamado en la iglesia griega *techné technôn* y en la iglesia romana latina *ars artium*, era precisamente la dirección de conciencia; era el arte de gobernar a los hombres. Es cierto que, finalmente, este arte de gobernar ha permanecido mucho tiempo ligado a unas prácticas relativamente limitadas, incluso en la sociedad medieval, ligado a la existencia conventual, a la práctica sobre todo en grupos espirituales relativamente restringidos. Pero creo que a partir del siglo XV y desde antes de la Reforma, se puede decir que ha habido una verdadera explosión del arte de gobernar a los hombres, explosión entendida en dos sentidos. En primer lugar, desplazamiento con respecto a su foco religioso, digamos, si ustedes quieren, laicización, expansión en la sociedad civil de este tema del arte de gobernar a los hombres y de los métodos para hacerlo. Y luego, en segundo lugar, desmultiplicación de este arte de gobernar en unos dominios variados: cómo gobernar a los niños, cómo gobernar una familia, una casa, cómo gobernar los ejércitos, cómo gobernar los diferentes grupos, las ciudades, los Estados, cómo gobernar el propio cuerpo, cómo gobernar el propio espíritu. *Cómo gobernar*, creo que ésa ha sido una de las cuestiones fundamentales de lo que ha pasado en el siglo XV o XVI. Cuestión fundamental a la cual ha respondido la multiplicación de todas las artes de gobernar –arte pedagógica, arte política, arte económica– y de todas las instituciones de gobierno, en el sentido amplio que tenía la palabra gobierno en esta época.

Ahora bien, de esta gubernamentalización, que me parece bastante característica de esas sociedades del Occidente europeo en el siglo XVI, no puede ser disociada, me parece, la cuestión de «¿cómo no ser gobernado?». Con ello no quiero decir que a la gubernamentalización se habría opuesto, en una especie de cara a cara, la afirmación contraria, «no queremos ser gobernados, y no queremos ser gobernados *en absoluto*». Quiero decir que, en esta gran inquietud acerca de la manera de gobernar y en la búsqueda de las maneras de gobernar, se encuentra una cuestión perpetua que sería: «cómo no ser gobernado *de esa forma*, por ése, en nombre de esos principios, en vista de tales objetivos y por medio de tales procedimientos, no de esa forma, no para eso, no por ellos»; y si damos a este movimiento de la gubernamentalización de la sociedad y de los individuos a la vez, la inserción histórica y la amplitud que creo que ha sido la suya, parece que podríamos situar aquí lo que llamaríamos la actitud crítica. Enfrente y como contrapartida, o más bien como compañero y adversario a la vez de las artes de gobernar, como manera de desconfiar de ellas, de recusarlas, de limitarlas, de encontrarles una justa medida, de transformarlas, de intentar escapar a estas artes de gobernar o, en todo caso, desplazarlas, a título de reticencia esencial, pero también y por ello mismo como línea de desarrollo de las artes de gobernar, habría habido algo que habría nacido en Europa en este momento, una especie de forma cultural general, a la vez actitud moral y política, manera de pensar, etc., que yo llamaría simplemente el arte de no ser gobernado o incluso el arte de no ser gobernado de esa forma y a ese precio. Y por tanto propondría, como primera definición de la crítica, esta caracterización general: el arte de no ser de tal modo gobernado.

Me dirán que esta definición es a la vez muy general, muy vaga, muy borrosa. ¡Ciertamente!, pero creo, al mismo tiempo, que permitiría señalar algunos puntos de anclaje precisos de lo que intento llamar la actitud crítica. Puntos de anclaje históricos, sin duda, y que se podrían fijar así:

1.º Primer punto de anclaje: en una época en que el gobierno de los hombres era esencialmente un arte espiritual o una práctica esencialmente religiosa ligada a la autoridad de una Iglesia, al magisterio de una

Escritura, no querer ser gobernado de esa forma era esencialmente buscar en la Escritura otra relación distinta a la que estaba ligada al funcionamiento de la enseñanza de Dios, no querer ser gobernado era una cierta manera de rechazar, recusar, limitar (díganlo como quieran) el magisterio eclesiástico, era el retorno a la Escritura, era la cuestión de lo que es auténtico en la Escritura, de lo que ha sido efectivamente escrito en la Escritura, era la cuestión de cuál es el tipo de verdad que dice la Escritura, cómo acceder a esta verdad de la Escritura en la Escritura y a pesar quizás de lo escrito, y hasta que se llega finalmente a la cuestión muy simple: ¿era verdadera la Escritura? Y, en suma, de Wycliffe a Pierre Bayle, la crítica se ha desarrollado en una medida que creo capital, aunque ciertamente no exclusiva, en relación con la Escritura. Digamos que la crítica es históricamente bíblica.

2.º No querer ser gobernado, he aquí el segundo punto de anclaje, no querer ser gobernado de esa forma, es no querer tampoco aceptar esas leyes porque son injustas, porque bajo su antigüedad o bajo el resplandor más o menos amenazador que les da el soberano reinante, esconden una ilegitimidad esencial. La crítica es, entonces, desde este punto de vista, frente al gobierno y a la obediencia que exige, oponer unos derechos universales e imprescriptibles a los cuales todo gobierno, sea cual sea, se trate del monarca, del magistrado, del educador, del padre de familia, deberá someterse. En suma, encontramos aquí el problema del derecho natural.

El derecho natural no es ciertamente una invención del Renacimiento, pero ha tomado, a partir del siglo XVI, una función crítica que conservará siempre. A la pregunta «¿cómo no ser gobernado?» responde diciendo: ¿cuáles son los límites del arte de gobernar? Digamos que aquí la crítica es esencialmente jurídica.

3.º Y, por último, «no querer ser gobernado» es ciertamente no aceptar como verdadero –aquí pasaré muy rápido– lo que una autoridad os dice que es verdad o, por lo menos, es no aceptarlo por el hecho de que una autoridad os diga que lo es, es no aceptarlo más que si uno mismo considera como buenas las razones para aceptarlo. Y esta vez, la crítica toma su punto de anclaje en el problema de la certeza frente a la autoridad.

La Biblia, el derecho, la ciencia; la escritura, la naturaleza, la relación consigo; el magisterio, la ley, la autoridad del dogmatismo. Vemos cómo el juego de la gubernamentalización y de la crítica, la una en relación con la otra, han dado lugar a fenómenos que, a mi juicio, son capitales en la historia de la cultura occidental, ya se trate del desarrollo de las ciencias filológicas, del desarrollo de la reflexión, del análisis jurídico o de la reflexión metodológica. Pero, sobre todo, vemos que el foco de la crítica es esencialmente el haz de relaciones que anuda el uno a la otra, o el uno a los otros dos, el poder, la verdad y el sujeto. Y si la gubernamentalización es este movimiento por el cual se trataba, en la realidad misma de una práctica social, de sujetar a los individuos a través de unos mecanismos de poder que invocan una verdad, pues bien, yo diría que la crítica es el movimiento por el cual el sujeto se atribuye el derecho de interrogar a la verdad acerca de sus efectos de poder y al poder acerca de sus discursos de verdad; la crítica será el arte de la inservidumbre voluntaria, de la indocilidad reflexiva. La crítica tendría esencialmente como función la desujeción en el juego de lo que se podría denominar, con una palabra, la política de la verdad.

Yo tendría la arrogancia de pensar que esta definición, a pesar de su carácter a la vez empírico, aproximativo, deliciosamente lejano con respecto a la historia que sobrevuela, no es muy diferente de la que Kant daba: no la definición de la crítica, sino de algo diferente. No está muy lejos, en suma, de la definición que daba de *Aufklärung*. Es característico en efecto que, en su texto de 1784 sobre lo que es la *Aufklärung*, definiera la *Aufklärung* en relación con un cierto estado de minoría de edad en el cual sería mantenida autoritariamente la humanidad. En segundo lugar, Kant definió esta minoría, la caracterizó por una cierta incapacidad de servirse del propio entendimiento sin la dirección de otro y emplea la palabra *leiten*[2], que tiene un sentido religioso his-

---

[2] *Leiten*: «conducir, guiar, gobernar, llevar, dirigir...» (R. Slaby, y R. Grossmann, *Diccionario de las lenguas española y alemana*, Herder, Barcelona, 1987). El sentido religioso al que se refiere Foucault es la dirección de conciencia. La frase completa de Kant es: «La minoría de edad significa la incapacidad de servirse de su propio entendimiento sin la guía de otro. *Uno mismo es culpable* de esta minoría de edad cuando la causa de ella no reside en la carencia de entendimiento, sino en la falta de decisión y valor para servirse por sí mismo de él sin la guía de otro» («Respuesta a la pregunta: ¿Qué es la Ilustración?», en J. B. Erhard, J. G. Herder, I. Kant y otros, *¿Qué es la Ilustración?*, trad. de A. Maestre y J. Romagosa, Tecnos, Madrid, 1999, 4.ª ed., p. 17).

tóricamente bien definido. En tercer lugar, creo que es característico que Kant haya definido esta incapacidad por una cierta correlación entre una autoridad que se ejerce y que mantiene a la humanidad en este estado de minoría, correlación entre este exceso de autoridad y, por otra parte, algo que él considera una falta de decisión y de coraje. Y, en consecuencia, esta definición de la *Aufklärung* no va a ser simplemente una especie de definición histórica y especulativa; habrá en esta definición de la *Aufklärung* algo que sin duda resulta un poco ridículo llamar predicación, pero es en todo caso una llamada al coraje lo que Kant lanza en esta descripción de la *Aufklärung*. No hay que olvidar que era un artículo de periódico. Habría que hacer un estudio sobre las relaciones entre la filosofía y el periodismo a partir de fines del siglo XVIII (a menos que haya sido hecho, pero no estoy seguro de ello...). Es muy interesante ver a partir de qué momento intervienen los filósofos en los periódicos para decir algo que es para ellos filosóficamente interesante y que, sin embargo, se inscribe en una cierta relación con el público con unos efectos de exhortación. Y, en fin, es característico que, en este texto de la *Aufklärung*, Kant dé como ejemplos del mantenimiento en minoría de edad de la humanidad, y en consecuencia como ejemplos de los puntos sobre los que la *Aufklärung* debe suprimir este estado de minoría y hacer crecer de alguna manera a los hombres, precisamente la religión, el derecho y el conocimiento. Lo que Kant describía como la *Aufklärung* es lo que yo intentaba hace un momento describir como la crítica, como esta actitud crítica que vemos aparecer como actitud específica en Occidente a partir, creo, de lo que ha sido históricamente el gran proceso de gubernamentalización de la sociedad. Y en relación con esta *Aufklärung* (cuya divisa, como ustedes saben y Kant recuerda, es «*sapere aude*», no sin que otra voz, la de Federico II, diga como contrapunto «que razonen tanto como quieran con tal de que obedezcan»), ¿cómo va a definir Kant la crítica? O, en todo caso –porque no tengo la pretensión de retomar lo que fue el proyecto crítico kantiano en su rigor filosófico, no me lo permitiría ante un auditorio tal de filósofos, no siendo yo mismo filósofo, sino apenas crítico–, ¿cómo podríamos situar *la crítica* propiamente dicha con respecto a esta *Aufklärung*? Si, efectivamente, Kant llama *Aufklärung* a todo este movimiento que ha precedido, ¿cómo va a situar lo que entiende por crítica? Yo diría, y estas son cosas completamente infantiles, que en relación con la *Aufklärung*, la crítica será a los ojos de Kant lo que dirá al saber: «¿sabes bien hasta dónde puedes saber?, razona tanto como quieras, pero ¿sabes bien hasta dónde puedes razonar sin peligro?». La crítica dirá, en suma, que nuestra libertad se juega menos en lo que emprendemos, con más o menos coraje, que en la idea que nos hacemos de nuestro conocimiento y de sus límites y que, en consecuencia, en lugar de dejar que otro diga «*obedece*», es en ese momento, cuando nos hayamos hecho del propio conocimiento una idea justa, cuando podremos descubrir el principio de la autonomía y cuando ya no tendremos que oír el *obedece*; o más bien, el *obedece* se fundará sobre la autonomía misma.

No intento mostrar la oposición que habría en Kant entre el análisis de la *Aufklärung* y el proyecto crítico. Creo que sería fácil mostrar que, para el mismo Kant, este verdadero coraje de saber que era invocado por la *Aufklärung*, consiste en reconocer los límites del conocimiento; y sería fácil mostrar que, para él, la autonomía está lejos de ser lo opuesto de la obediencia a los soberanos. Pero no es menos cierto que Kant ha dado a la crítica, en su empresa de desujeción en relación con el juego del poder y de la verdad, como tarea primordial, como prolegómeno a toda *Aufklärung* presente y futura, la de conocer el conocimiento.

* * *

No quisiera insistir más sobre las implicaciones de esta suerte de desfase entre *Aufklärung* y crítica que Kant ha querido marcar. Quisiera simplemente insistir sobre este aspecto histórico del problema que nos es sugerido por lo que ha pasado en el siglo XIX. La historia del siglo XIX ha dado pie bastante más a la continuación de la empresa crítica tal como la había situado Kant, de alguna forma en retroceso en relación con la *Aufklärung*, que a la *Aufklärung* misma. Dicho de otra manera, la historia del siglo XIX –y ciertamente la historia del XX más aún– parecía que debía, si no dar la razón a Kant, sí al menos ofrecer un motivo concreto a esta nueva actitud crítica, a esta actitud crítica en retirada con relación a la *Aufklärung* y cuya posibilidad había abierto Kant.

Este motivo histórico que parecía ofrecerse a la crítica kantiana mucho más que al coraje de la

Aufklärung, tenía muy simplemente estos tres rasgos fundamentales: en primer lugar, una ciencia positivista, es decir, que se daba fundamentalmente confianza a sí misma, incluso cuando se mostraba cuidadosamente crítica con respecto a cada uno de sus resultados; en segundo lugar, el desarrollo de un Estado o de un sistema estatal que se ofrecía a sí mismo como razón y como racionalidad profunda de la historia y que, por otra parte, elegía como instrumentos unos procedimientos de racionalización de la economía y de la sociedad; de ahí, un tercer rasgo, en la sutura de este positivismo científico y del desarrollo de los Estados, una ciencia del Estado o un estatalismo. Se teje entre todos ellos un tejido de relaciones estrechas en la medida en que la ciencia va a desempeñar un papel cada vez más determinante en el desarrollo de las fuerzas productivas; en la medida en que, por otra parte, los poderes de tipo estatal van a ejercerse cada vez más a través de unos conjuntos técnicos refinados. De ahí el hecho de que la pregunta de 1784, *¿qué es la Aufklärung?* o, más bien, la manera en que Kant, en relación a esta pregunta y a la respuesta que le dio, ha intentado situar su empresa crítica, esta interrogación sobre las relaciones entre *Aufklärung* y *Crítica* va a tomar legítimamente el aspecto de una desconfianza o en todo caso de una interrogación cada vez más sospechosa: ¿de qué excesos de poder, de qué gubernamentalización, tanto más inaprehensible porque se justifica mediante la razón, es responsable históricamente esta misma razón?

Ahora bien, creo que el devenir de esta cuestión no ha sido exactamente el mismo en Alemania y en

Francia, y esto por unas razones históricas que habría que analizar porque son complejas.

Podríamos decir, a grandes rasgos, que no tanto, quizás, a causa del desarrollo reciente de un Estado completamente nuevo y racional en Alemania, cuanto a causa de la pertenencia muy antigua de las Universidades a la *Wissenschaft* y a las estructuras administrativas y estatales, esta sospecha de que hay algo en la racionalización y quizás incluso en la razón misma que es responsable del exceso de poder, pues bien, me parece que esta sospecha se ha desarrollado sobre todo en Alemania y, para ser aún más breves, que se ha desarrollado sobre todo en lo que podríamos llamar una izquierda alemana. En todo caso, de la izquierda hegeliana a la Escuela de Francfort, ha habido toda una crítica del positivismo, del objetivismo, de la racionalización, de la *techné* y de la tecnificación, toda una crítica de las relaciones entre el proyecto fundamental de la ciencia y de la técnica, que tiene el objetivo de hacer aparecer los lazos entre una presunción ingenua de la ciencia, por una parte, y las formas de dominación propias de la forma de sociedad contemporánea, por la otra. Por tomar como ejemplo el que, sin duda, de todos fue el más alejado de lo que podríamos denominar una crítica de izquierda, no hay que olvidar que Husserl en 1936 refería la crisis contemporánea de la humanidad europea a algo que tenía que ver con las relaciones entre el conocimiento y la técnica, la *episteme* y la *techné*.

En Francia, las condiciones del ejercicio de la filosofía y de la reflexión política han sido muy diferentes y, a causa de ello, la crítica de la razón presuntuosa y de sus efectos específicos de poder no parece haber sido conducida de la misma manera. Pienso que fue del lado de un cierto pensamiento de derecha, en el curso del siglo XIX y del siglo XX, donde se encontró de nuevo esta misma acusación histórica de la razón o de la racionalización en nombre de los efectos de poder que lleva consigo. En todo caso, el bloque constituido por las Luces y la Revolución, sin duda ha impedido de una forma general que se ponga nuevamente en cuestión, real y profundamente, esta relación entre la racionalización y el poder; quizás tambien el hecho de que la Reforma (que creo que ha sido en sus raíces muy profundas el primer movimiento crítico como arte de no ser gobernado) no haya tenido en Francia la amplitud y el éxito que ha conocido en Alemania, ha hecho sin duda que en Francia esta noción de *Aufklärung*, con todos los problemas que planteaba, no haya tenido una significación tan amplia y, por otra parte, nunca haya tenido una referencia histórica de tan largo alcance como en Alemania. En Francia nos hemos contentado con una cierta valorización política de los filósofos del siglo XVIII, al mismo tiempo que descalificábamos el pensamiento de las Luces como un episodio menor en la historia de la filosofía. En Alemania, por el contrario, lo que era entendido como *Aufklärung* era considerado, bien o mal, poco importa, pero ciertamente como un episodio importante, una especie de manifestación resplandeciente del destino profundo de la razón occidental. Se encontraba en la *Aufklärung* y en todo este período, que sumariamente desde el siglo XVI al XVIII sirve de referencia a esta noción de

Aufklärung, se intentaba descifrar, reconocer la línea de pendiente más marcada de la razón occidental, mientras que la política a la que estaba ligada era objeto de un examen suspicaz. Tal es, *grosso modo*, el quiasma que caracteriza la manera en que, en Francia y en Alemania, ha sido planteado el problema de la *Aufklärung* durante el siglo XIX y toda la primera mitad del siglo XX.

Ahora bien, creo que la situación en Francia ha cambiado en los últimos años y que, de hecho, este problema de la *Aufklärung* (tal y como había sido tan importante para el pensamiento alemán desde Mendelssohn, Kant, pasando por Hegel, Nietzsche, Husserl, la Escuela de Francfort, etc.), me parece que en Francia se ha llegado a una época en que precisamente puede ser retomado en una vecindad bastante significativa por ejemplo con los trabajos de la Escuela de Francfort. Digamos, siempre para ser breves, que —y esto no es extraño— la cuestión de lo que es la *Aufklärung* nos ha venido de nuevo de la fenomenología y de los problemas planteados por ella. En efecto, esta cuestión se nos ha replanteado otra vez a partir de la cuestión del sentido y de lo que puede constituirlo. ¿Cómo puede ser que haya sentido a partir del sinsentido? ¿Cómo viene el sentido? Cuestión que, claramente, es complementaria de esta otra: ¿cómo puede ser que el gran movimiento de la racionalización nos haya conducido a tanto ruido, a tanto furor, a tanto silencio y tanto mecanismo sombrío? Después de todo no hay que olvidar que *La náusea* es poco más o menos contemporánea de la *Krisis*. Y es por el análisis, después de la guerra, de esto, es decir, del hecho de que el sentido no se constituye más que por unos sistemas de coacciones característicos de la maquinaria significante, de que no hay sentido más que por los efectos de coerción propios de unas estructuras, por lo que, por un extraño atajo, se ha reencontrado de nuevo el problema de la relación entre *ratio* y *poder*. Pienso, igualmente (y esto sería un estudio por hacer, sin duda) que los análisis de la historia de las ciencias, toda esta problematización de la historia de las ciencias (que asimismo se enraíza sin duda en la fenomenología, que en Francia ha seguido, a través de Cavaillès, a través de Bachelard, a través de Georges Canguilhem, una historia completamente diferente), que el problema histórico de la historicidad de las ciencias, no deja de tener algunas relaciones y analogías, sin ser meramente su eco, con el problema de la constitución del sentido: ¿cómo nace, cómo se forma esta racionalidad, a partir de algo que es completamente otro? He aquí la recíproca y la inversa del problema de la *Aufklärung*: ¿cómo puede ser que la racionalización conduzca al furor del poder?

Ahora bien, parece que, sean estas investigaciones sobre la constitución del sentido con el descubrimiento de que éste no se constituye más que por las estructuras de coerción del significante, sean los análisis hechos sobre la historia de la racionalidad científica con los efectos de coacción ligados a su institucionalización y a la constitución de modelos, todo ello, todas estas investigaciones históricas no han hecho más que recortar como por un estrecho calado y como a través de una especie de tronera universitaria lo que ha sido, después de todo, el movimiento de fondo de nuestra historia desde hace un siglo. Porque a fuerza de cantarnos que a nuestra organización social o económica le faltaba racionalidad, nos hemos encontrado delante de no sé si demasiada o insuficiente razón, en todo caso seguramente ante demasiado poder; a fuerza de oírnos cantar las promesas de la revolución, no sé si donde ésta se ha producido ha sido buena o mala, pero nos hemos encontrado ante la inercia de un poder que se mantenía indefinidamente; y a fuerza de oírnos cantar la oposición entre las ideologías de la violencia y la verdadera teoría científica de la sociedad, del proletariado y de la historia, nos hemos encontrado de nuevo con dos formas de poder que se parecían como dos hermanos: fascismo y estalinismo. En consecuencia, retorno de la cuestión: *¿qué es la Aufklärung?* Y se reactiva así la serie de problemas que habían marcado los análisis de Max Weber: ¿qué ocurre con esta racionalización que estamos de acuerdo en que caracteriza no sólo el pensamiento y la ciencia occidentales desde el siglo XVI, sino también las relaciones sociales, las organizaciones estatales, las prácticas económicas y quizás hasta el comportamiento de los individuos? ¿Qué pasa con esta racionalización en sus efectos de coacción y quizás de obnubilación, de implantación masiva y creciente, y nunca contestada radicalmente, de un vasto sistema científico y técnico?

Este problema, que en Francia estamos obligados a cargar de nuevo sobre nuestras espaldas, este problema de *¿qué es la Aufklärung?*, puede ser abordado por diferentes caminos. Y el camino por el que yo quisiera abordarlo, no lo inscribo en absoluto –y quisiera que me creyeran– en un espíritu de polémica o de crítica. Dos razones, por consiguiente, hacen que no busque otra cosa que marcar unas diferencias y, de alguna manera, ver hasta dónde se pueden multiplicar, desmultiplicar, demarcarlas unas de otras, dislocar, si quieren, las formas de análisis de este problema de la *Aufklärung*, que es quizás, después de todo, el problema de la filosofía moderna.

A continuación, al abordar este problema que nos hermana con la Escuela de Francfort, quisiera señalar que, de todas maneras, hacer de la *Aufklärung* la cuestión central quiere decir, desde luego, un cierto número de cosas. Quiere decir, primero, que nos comprometemos en una cierta práctica que yo llamaría histórico-filosófica, que no tiene nada que ver con la filosofía de la historia y la historia de la filosofía, con lo cual quiero decir que el dominio de experiencia al que se refiere este trabajo filosófico no excluye en absoluto ningún otro. No es la experiencia interior, no son las estructuras fundamentales del conocimiento científico, pero tampoco un conjunto de contenidos históricos elaborados en otro tiempo, preparados por los historiadores y acogidos como unos hechos completamente dados. De hecho, en esta práctica histórico-filosófica se trata de hacerse su propia historia, de fabricar como una ficción la historia que estaría atravesada por la cuestión de las relaciones entre las estructuras de racionalidad que articulan el discurso verdadero y los mecanismos de sujeción que están ligados a él, cuestión que vemos que desplaza los objetos históricos habituales y familiares a los historiadores hacia el problema del sujeto y de la verdad, problema del que los historiadores no se ocupan. Vemos, igualmente, que esta cuestión inviste el trabajo filosófico, el pensamiento filosófico, el análisis filosófico, con unos contenidos empíricos diseñados precisamente por ella. De ahí que los historiadores, ante este trabajo histórico o filosófico, digan: «sí, sí, seguramente, quizás, en todo caso no es exactamente eso», lo cual es efecto de la interferencia debida a este desplazamiento hacia el sujeto y la verdad, del que hablaba. Y que los filósofos, incluso si no todos toman el aire de gallinas ofendidas, piensen generalmente: «la filosofía, a pesar de todo, es otra cosa completamente distinta», siendo esto atribuido al efecto de caída, atribuido a ese retorno a una empiricidad que ni siquiera cuenta con el beneficio de ser garantizada por una experiencia interior.

Concedamos a esas voces cercanas toda la importancia que tienen, que es grande. Indican, al menos negativamente, que estamos en el camino adecuado, es decir, que a través de los contenidos históricos que elaboramos y a los cuales estamos ligados porque son verdaderos o porque valen como verdaderos, planteamos la cuestión: ¿qué soy yo, entonces, que pertenezco a esta humanidad, quizás a este margen, a este momento, a este instante de humanidad que está sujeto al poder de la verdad en general y de las verdades en particular? Desubjetivar la cuestión filosófica recurriendo al contenido histórico, liberar los contenidos históricos por la interrogación sobre los efectos de poder con que son afectados por esta verdad de la que supuestamente dependen esos efectos de poder; ésta es la primera característica de esta práctica histórico-filosófica. Por otra parte, esta práctica se halla, evidentemente, en una relación privilegiada con una cierta época empíricamente determinable: incluso si es relativa y necesariamente imprecisa, esta época es, ciertamente, designada como momento de formación de la humanidad moderna, *Aufklärung,* en el sentido amplio del término, al cual se referían Kant, Weber, etc., período sin datación fija, con múltiples entradas, ya que puede ser definido tanto por la formación del capitalismo como por la constitución del mundo burgués, la puesta en acción de los sistemas estatales, la fundación de la ciencia moderna con todos sus correlatos técnicos, la organización de un cara a cara entre el arte de ser gobernado y el de no ser de tal modo gobernado. Es un privilegio de hecho, pues, para el trabajo histórico-filosófico que en este período aparezcan de alguna manera, en vivo y en la superficie de unas transformaciones visibles, estas relaciones entre el poder, la verdad y el sujeto, que son lo que hay que analizar. Pero privilegio también en el sentido de que se trata de formar a partir de ahí una matriz para recorrer toda una serie de dominios posibles diferentes. No es porque privilegiemos el siglo XVIII, porque nos interesemos en él, por lo que encontramos de nuevo el problema de la *Aufklärung*; yo diría que es porque queremos fundamentalmente plantear el problema *¿Qué es la Aufklärung?*, por lo que encontramos el esquema histórico de nuestra modernidad. No se tratará de decir que los griegos del siglo V son un poco como los filósofos del siglo XVIII, o que el siglo XII era ya una especie de Renacimiento, sino de intentar ver bajo qué condiciones, al precio de qué modificaciones o de qué generalizaciones, se puede aplicar a cualquier momento de la historia esta cuestión de la *Aufklärung*, es decir, de las relaciones entre los poderes, la verdad y el sujeto.

Tal es el cuadro general de esta investigación que llamaría histórico-filosófica, he aquí cómo puede ser conducida ahora.

* * *

Decía antes que, en todo caso, yo quería trazar muy vagamente otras vías posibles, diferentes a las que me parece han sido hasta el presente más gustosamente frecuentadas. Lo cual no significa de ninguna manera acusarlas de no conducir a nada, o de no proporcionar ningún resultado válido. Quisiera simplemente decir y sugerir que me parece que esta cuestión de la *Aufklärung* desde Kant, a causa de Kant y, verosímilmente, a causa de este desfase entre *Aufklärung* y *crítica* que él ha introducido, ha sido esencialmente planteada en términos de conocimiento, es decir, partiendo de lo que fue el destino histórico del conocimiento en el momento de la constitución de la ciencia moderna; es decir, también, buscando lo que ya, en este destino, marcaba los efectos de poder indefinidos a los que ésta iba a estar necesariamente ligada por el objetivismo, el positivismo, el tecnicismo, etc., relacionando este conocimiento con las condiciones de constitución y de legitimidad de todo conocimiento posible y, en definitiva, buscando cómo se había operado en la historia el tránsito fuera de la legitimidad (ilusión, error, olvido, encubrimiento, etc.). En una palabra, es el procedimiento de análisis que me parece, en el fondo, que ha sido emprendido por el desfase de la *critica* en relación con la *Aufklärung*, operado por Kant. Me parece que, a partir de ahí, tenemos un procedimiento de análisis que es, en el fondo, el seguido con más frecuencia, procedimiento de análisis que se podría llamar una investigación sobre la legitimidad de los modos históricos de conocer. En todo caso, así lo han entendido un cierto número de filósofos del siglo XVIII, así lo han entendido Dilthey, Habermas, etc. Más simplemente aún: ¿qué falsa idea acerca de sí mismo se ha hecho el conocimiento y a qué uso excesivo se ha encontrado expuesto, en consecuencia, a qué dominación se ha encontrado ligado?

Pues bien, en lugar de este procedimiento que toma la forma de una investigación sobre la legitimidad de los modos históricos de conocer, se podría quizás abordar un procedimiento diferente. Éste podría tomar como entrada en la cuestión de la *Aufklärung*, no el problema del conocimiento, sino el del poder; este procedimiento avanzaría, no como una investigación sobre la legitimidad, sino como lo que yo denominaría una prueba de *eventualización*. ¡Perdonen esta horrible palabra! Y, enseguida, ¿qué quiere decir? Lo que yo entendería por procedimiento de eventualización, aunque los historiadores griten con espanto, es esto: primero tomar unos conjuntos de elementos en los que pueden señalarse, en una primera aproximación, por tanto de una manera completamente empírica y provisional, conexiones entre unos mecanismos de coerción y unos contenidos de conocimiento. Mecanismos de coerción diversos, quizás también conjuntos legislativos, reglamentos, dispositivos materiales, fenómenos de autoridad, etc.; contenidos de conocimiento que se tomarán igualmente en su diversidad y heterogeneidad, y que se tendrán en cuenta en función de los efectos de poder de los que son portadores, en tanto que son validados como formando parte de un sistema de conocimiento. Lo que buscamos, entonces, no es saber lo que es verdadero o falso, fundado o no fundado, real o ilusorio, científico o ideológico, legítimo o abusivo. Buscamos saber cuáles son los lazos, las conexiones que pueden ser señaladas entre mecanismos de coerción y elementos de conocimiento, qué juegos de reenvío y de apoyo se desarrollan entre unos y otros, qué hace que tal elemento de conocimiento pueda tomar unos efectos de poder referidos, en un sistema tal, a un elemento verdadero o probable, incierto o falso, y lo que hace que tal procedimiento de coerción adquiera la forma y las justificaciones propias de un elemento racional, calculado, técnicamente eficaz, etc.

Por tanto, en este primer nivel, no hay que efectuar la separación de la legitimidad, no hay que señalar el punto del error y de la ilusión.

Por eso, a este nivel, me parece que se pueden utilizar dos palabras que no tienen la función de designar entidades, potencias o algo como los trascendentales, sino sólo la de operar, en relación con los dominios a los que se refieren, una reducción sistemática de valor, es decir, una neutralización de los efectos de legitimidad y una clarificación de lo que hace que sean aceptables en un cierto momento y que hayan sido efectivamente aceptados. Utilizamos, pues, la palabra *saber*, que se refiere a todos los procedimientos y a todos los efectos de conocimiento que son aceptables en un momento dado y en un dominio definido; y, en segundo lugar, el término *poder*, que no hace otra cosa que recubrir [*recouvrir*][3] toda una serie de mecanismos particulares, definibles y definidos, que parecen susceptibles de inducir comportamientos o discursos. Vemos, enseguida, que estos dos términos no tienen más que un papel metodológico: no se trata de señalar, a través de ellos, unos principios generales de realidad, sino de fijar, de alguna forma, el frente del análisis, el tipo de elemento que debe ser pertinente para él. Se trata, así, de evitar hacer jugar de entrada la perspectiva de legitimación como lo hacen los términos de conocimiento o de dominación. Se trata, igualmente, en todo momento del análisis, de poder darles un contenido determinado y preciso, tal elemento de saber, tal mecanismo de poder; nunca debe considerarse que existe *un* saber o *un* poder, peor aún, *el* saber o *el* poder, que serían en sí mismos operantes. Saber, poder, no son más que una rejilla de análisis. Vemos también que esta rejilla no está compuesta de dos categorías de elementos extraños entre sí, que serían el saber por un lado y el poder por otro –lo que les haría exteriores entre sí–, porque nada puede figurar como un elemento de saber si, por una parte, no es conforme a un conjunto de reglas y de coacciones características, por ejemplo, un tipo de discurso científico en una época dada, y si, por otra parte, no está dotado de efectos de coerción o simplemente de incitación propios de lo que es validado como científico o simple-

---

[3] *Recouvrir* tiene, además del sentido de volver a cubrir, el de encubrir, ocultar.

mente racional, o simplemente recibido de manera común, etc. Inversamente, nada puede funcionar como un mecanismo de poder si no se despliega según procedimientos, instrumentos, medios, objetivos, que puedan ser validados en unos sistemas de saber más o menos coherentes. No se trata, entonces, de describir lo que es saber y lo que es poder, y cómo el uno reprimiría al otro, o cómo el otro abusaría del primero, sino que se trata más bien de describir un nexo de saber-poder que permite aprehender lo que constituye la aceptabilidad de un sistema, sea el sistema de la enfermedad mental, el de la penalidad, la delincuencia, la sexualidad, etc.

En suma, me parece que, de la observabilidad empírica para nosotros de un conjunto, a su aceptabilidad histórica, en la época misma en que efectivamente es observable, el camino pasa por un análisis del nexo saber-poder que lo sostiene, lo retoma a partir del hecho de que es aceptado, en dirección de lo que lo hace aceptable, por supuesto, no en general, sino sólo allí donde es aceptado: es lo que podríamos caracterizar como retomarlo en su positividad. Tenemos, pues, aquí un tipo de procedimiento que, fuera de la preocupación por la legitimación y, en consecuencia, separándose del punto de vista fundamental de la ley, recorre el ciclo de la positividad, yendo del hecho de la aceptación al sistema de la aceptabilidad, analizado a partir del juego saber-poder. Digamos que, más o menos, es éste el nivel de la *arqueología*.

En segundo lugar, vemos enseguida que, a partir de este tipo de análisis, amenazan un cierto número de peligros que no pueden dejar de aparecer como las consecuencias negativas y costosas de un análisis semejante.

Estas positividades son conjuntos que no son evidentes por sí mismos, en el sentido de que sean cuales fueren la costumbre o el uso que han podido hacérnoslos familiares, sea cual sea la fuerza de cegamiento de los mecanismos de poder que estas positividades han hecho jugar, o sean cuales sean las justificaciones que han elaborado, estas positividades no se han hecho aceptables por algún derecho originario; y lo que hay que hacer resaltar para aprehender mejor lo que ha podido hacerlas aceptables, es que justamente eso no era evidente, no estaba inscrito en ningún *a priori*, no estaba contenido en ninguna anterioridad. Extraer las condiciones de aceptabilidad de un sistema y seguir las líneas de ruptura que marcan su emergencia son dos operaciones correlativas. No era evidente que la locura y la enfermedad mental se superpusieran en el sistema institucional y científico de la psiquiatría; no era tampoco algo dado que los procedimientos punitivos, el encarcelamiento y la disciplina penitenciaria vengan a articularse en un sistema penal; tampoco lo era que el deseo, la concupiscencia, el comportamiento sexual de los individuos, deban efectivamente articularse unos sobre otros en un sistema de saber y de normalidad llamado sexualidad. La detección de la aceptabilidad de un sistema es indisociable de la detección de lo que lo hacía difícil de aceptar: su arbitrariedad en términos de conocimiento, su violencia en términos de poder, en suma, su energía. De ahí que sea necesario tomar en consideración esta estructura para seguir mejor sus artificios.

La segunda consecuencia, también costosa y negativa, es que estos conjuntos no son analizados como unos universales a los que la historia aportaría, con sus circunstancias particulares, un cierto número de modificaciones. Ciertamente, muchos de los elementos aceptados, muchas de las condiciones de aceptabilidad, pueden tener tras de sí una larga carrera; pero lo que se trata de retomar en el análisis de estas positividades, son de alguna manera unas singularidades puras, ni encarnación de una esencia, ni individualización de una especie: singularidad como la locura en el mundo occidental moderno, singularidad absoluta como la sexualidad, singularidad absoluta como el sistema jurídico-moral de nuestros castigos.

Ningún recurso fundador, ninguna caída en una forma pura, ahí tenemos uno de los puntos más importantes y más discutibles de este planteamiento histórico-filosófico: si éste no quiere caer ni en una filosofía de la historia, ni en un análisis histórico, debe mantenerse en el campo de inmanencia de las singularidades puras. ¿Y entonces? Ruptura, discontinuidad, singularidad, descripción pura, cuadro inmóvil, ausencia de explicación, de transición, ustedes conocen todo esto. Se dirá que el análisis de esas positividades no depende de unos procedimientos llamados explicativos, a los que se concede un valor causal bajo tres condiciones:

1) no se reconoce valor causal más que a las explicaciones que se dirigen a una última instancia valorada como profunda y única, economía para unos, demografía para otros;

2) no se reconoce que tenga valor causal más que lo que obedece a una piramidalización que

apunte hacia la causa o el foco causal, el origen unitario;

3) y, por último, no se reconoce valor causal más que a lo que establece una cierta inevitabilidad o, por lo menos, a lo que se aproxima a la necesidad. El análisis de las positividades, en la medida en que se trata de singularidades puras referidas, no a una especie o a una esencia, sino a simples condiciones de aceptabilidad, supone el despliegue de una red causal a la vez compleja y ajustada, pero sin duda de otro tipo, una red causal que no obedecería a la exigencia de saturación por un principio profundo unitario piramidalizante y necesitante. Se trata de establecer una red que dé cuenta de esta singularidad como de un efecto: de lo que se deriva la necesidad de la multiplicidad de las relaciones, de la diferenciación entre los diversos tipos de relaciones, de la diferenciación entre las distintas formas de necesidad de los encadenamientos, la necesidad de desciframiento de las interacciones y de las acciones circulares, y tomar en cuenta el entrecruzamiento de procesos heterogéneos. Y, por tanto, nada más extraño a un análisis así que el rechazo de la causalidad. Pero lo importante es que no se trata en estos análisis de reconducir un conjunto de fenómenos derivados a una causa, sino de hacer inteligible una positividad singular, en lo que tiene precisamente de singular.

Digamos, en general, que por oposición a una génesis que se orienta hacia la unidad de una causa principial cargada de una descendencia múltiple, se trataría aquí de una *genealogía*, es decir, de algo que intenta restituir las condiciones de aparición de una singularidad a partir de múltiples elementos determinantes, de los que no aparece como el producto sino como el efecto. Inteligibilización, entonces, pero sobre la que es preciso darse cuenta de que no funciona según un principio de clausura. Y no se trata de un principio de clausura por un cierto número de razones.

La primera es que las relaciones que permiten dar cuenta de este efecto singular son, si no en su totalidad, por lo menos en una parte considerable, unas relaciones de interacción entre individuos o grupos, es decir, que estas relaciones implican sujetos, tipos de comportamientos, decisiones, elecciones: el sostén, el soporte de esta red de relaciones inteligibles, no se podría encontrar en la naturaleza de las cosas, es la lógica propia de un juego de interacciones con sus márgenes siempre variables de incertidumbre.

No clausura, tampoco, porque estas relaciones que intentamos establecer para dar cuenta de una singularidad como efecto, esta red de relaciones no debe constituir un único plano. Son relaciones que están en constante desprendimiento unas en relación con otras. La lógica de las interacciones, en un nivel dado, juega entre individuos, pudiendo a la vez guardar sus reglas y su especificidad, sus efectos singulares, constituyendo con otros elementos unas interacciones que se juegan a otro nivel, de suerte que, en cierto modo, ninguna de estas interacciones aparece como primaria o absolutamente totalizante. Cada una puede ser resituada en un juego que la desborda; e, inversamente, ninguna, por muy local que sea, carece de efecto o deja de estar expuesta a tener un efecto sobre la interacción de la que forma parte y que la envuelve. Entonces, esquemáticamente, movilidad constante, esencial fragilidad o, más bien, intrincación entre lo que reconduce el proceso mismo y lo que lo transforma. En suma, se trataría aquí de poner en juego toda una forma de análisis que podríamos denominar *estratégicos*.

Al hablar de arqueología, de estrategia y de genealogía, no pienso que se trate de señalar con ello tres niveles sucesivos que serían desarrollados unos a partir de otros, sino más bien de caracterizar tres dimensiones necesariamente simultáneas del mismo análisis, tres dimensiones que deberían permitir en su simultaneidad misma volver a aprehender lo que hay de positivo, es decir, cuáles son las condiciones que hacen aceptable una singularidad cuya inteligibilidad se establece por la detección de las interacciones y de las estrategias en las que se integra. Es una investigación que tiene en cuenta... [*faltan algunas frases, perdidas al darle la vuelta a la cinta magnetofónica*]... se produce como efecto y, en definitiva, eventualización en la que se trata de algo cuya estabilidad, cuyo enraizamiento, cuyo fundamento, no es nunca tal que no se pueda de una manera u otra, si no pensar su desaparición, sí por lo menos señalar aquello por lo que, y a partir de lo que, su desaparición es posible.

Decía antes que, más que plantear el problema en términos de conocimiento y de legitimación, se trataba de abordar la cuestión por el sesgo del poder y de la eventualización. Pero, como ven, no se trata de hacer funcionar el poder entendido como dominación, supremacía, a título de dato fundamental, de principio único, de explicación o de ley ineludible; al contrario, se trata de considerarlo siempre como relación en un campo de interacciones, se trata de pensarlo en una relación indisociable con formas de saber y se trata de pensarlo siempre de tal manera que se le vea asociado a un dominio de posibilidad y, en consecuencia, de reversibilidad, de inversión posible.

Ven ustedes que, así, la cuestión no es ya: ¿por qué error, ilusión, olvido, por qué faltas de legitimidad viene el conocimiento a inducir unos efectos de dominación que manifiesta en el mundo moderno la empresa de [*palabra inaudible*]? La cuestión sería más bien ésta: ¿cómo puede la indisociabilidad del saber y del poder en el juego de las interacciones y de las estrategias múltiples, inducir a la vez unas singularidades que se fijan a partir de sus condiciones de aceptabilidad, y un campo de posibles, de aperturas, de indecisiones, de inversiones y de dislocaciones eventuales, que los hace frágiles, no permanentes, que hacen de estos efectos unos acontecimientos, nada más y nada menos que unos acontecimientos? ¿De qué manera pueden los efectos de coerción propios de estas positividades ser, no ya disipados por un retorno al destino legítimo del conocimiento y por una reflexión sobre el trascendental o el cuasi-trascendental que lo fija, sino invertidos o desenlazados en el interior de un campo estratégico concreto, de ese campo estratégico concreto que los ha inducido, y a partir precisamente de la decisión de no ser gobernado?

En suma, el movimiento que ha hecho oscilar la actitud crítica hacia la cuestión de la crítica o, aún más, el movimiento que ha hecho tomar otra vez en cuenta la empresa de la *Aufklärung* en el proyecto crítico consistente en hacer que el conocimiento pueda hacerse de sí mismo una idea justa, este movimiento de oscilación, este desfase, la manera de desviar la cuestión de la *Aufklärung* hacia la crítica, ¿no habría que intentar hacer ahora el camino inverso? ¿No se podría intentar recorrer esta vía, pero en el otro sentido? Y si hay que plantear la cuestión del conocimiento en su relación con la dominación, sería primero y ante todo a partir de una cierta voluntad decisoria de no ser gobernado, una voluntad decisoria como actitud a la vez individual y colectiva de salir, como decía Kant, de su minoría de edad. Cuestión de actitud. Ven ustedes por qué yo no había podido dar, no me había atrevido a dar un título a mi conferencia que habría sido «¿Qué es la *Aufklärung*?».

HENRI GOUHIER. Agradezco muchísimo a Michel Foucault que nos haya dado un conjunto tan coordinado de reflexiones que yo llamaría filosóficas, aunque él haya dicho «no siendo yo mismo filósofo». Debo decir enseguida que después de haber dicho «no siendo yo mismo filósofo», él añadía «apenas crítico», es decir, un poco crítico. Y después de su exposición, me pregunto si ser un poco crítico no es tener mucho de filósofo.

NOËL MOULOUD. Quisiera hacer quizás dos o tres observaciones. La primera es la siguiente: M. Foucault parece habernos puesto ante una actitud general del pensamiento, el rechazo del poder o el rechazo de la regla constreñidora que engendra una actitud general, la actitud crítica. Él ha pasado de ahí a una problemática que ha presentado como prolongación de esta actitud, como una actualización de esta actitud: se trata de los problemas que son planteados actualmente acerca de las relaciones entre el saber, la técnica y el poder. Yo vería, en cierta manera, unas actitudes críticas localizadas, girando alrededor de ciertos núcleos de problemas, es decir, en gran medida, teniendo unas fuentes o, si se quiere, unos límites históricos. Hace falta que tengamos una práctica, un método que alcanza ciertos límites, que plantea unos problemas, que conduce a unos *impasses*, para que se esboce una actitud crítica. Y así, por ejemplo, son los éxitos metodológicos del positivismo los que, con las dificultades que ha provocado, han engendrado frente a él las reacciones críticas que conocemos, que han aparecido desde hace medio siglo, es decir, la reflexión logicista, la reflexión criticista, pienso en la escuela popperiana o en la reflexión wittgensteiniana sobre los límites de un lenguaje científico normalizado. A menudo, a través de estos momentos críticos, se ve aparecer una resolución nueva, la búsqueda de una práctica renovada, de un método que tiene él mismo un aspecto regional, el aspecto de una investigación histórica.

MICHEL FOUCAULT. Tiene usted toda la razón. Es en esta vía en la que se ha comprometido la actitud crítica y en la que ha desarrollado sus consecuencias de una manera privilegiada en el siglo XIX. Yo diría que ése es el canal kantiano, es decir, que el momento fuerte, el momento esencial de la actitud crítica debe ser el problema de la interrogación del conocimiento acerca de sus propios límites o los *impasses*, si usted quiere, que encuentra en su ejercicio primero y concreto.

Lo que me ha sorprendido son dos cosas. Por una parte, que este uso kantiano de la actitud crítica no ha impedido –y, a decir verdad, en Kant el problema es planteado de forma muy explícita– que la crítica plantee también (el problema es saber si eso es fundamental o no, esto se puede discutir) esta cuestión: ¿qué es el uso de la razón, qué uso de la razón puede acarrear unos efectos en cuanto al abuso del ejercicio del poder y, en consecuencia, al destino concreto de la libertad? Creo que Kant está lejos de ignorar este problema y que ha habido, sobre todo en Alemania, todo un movimiento de reflexión alrededor de este tema, si usted quiere, generalizando, desplazando el problema crítico estricto que usted ha citado hacia otras regiones. Usted cita a Popper pero, después de todo, para Popper también ha sido un problema fundamental el exceso de poder.

Por otra parte, lo que quería subrayar –y me excuso por haber hecho un mero sobrevuelo, si me permiten la expresión– es que me parece que la historia de la actitud crítica, en lo que tiene de específico en Occidente –y en el Occidente moderno desde los siglos XV-XVI–, tiene que buscar su origen en las luchas religiosas y las actitudes espirituales de la segunda mitad de la Edad Media. En el momento justamente en que se plantea el problema: ¿cómo ser gobernado, es que vamos a aceptar ser gobernados así? Es entonces cuando la cosas están a su nivel más concreto, más históricamente determinado: todas las luchas alrededor de la pastoral en la segunda mitad de la Edad Media han preparado la Reforma y creo que han sido la especie de umbral histórico sobre el cual se ha desarrollado esta actitud crítica.

HENRI BIRAULT. ¡Yo no quisiera hacer el papel de la gallina asustada! Estoy completamente de acuerdo con lo dicho sobre la manera en que la cuestión de la *Aufklärung* se encuentra a la vez explícitamente retomada por Kant para sufrir al mismo tiempo una restricción teórica decisiva en función de imperativos de orden moral, religioso, político, etc., que son característicos del pensamiento kantiano. Creo que, sobre eso, hay entre nosotros acuerdo total.

En lo que concierne a la parte más directamente positiva de la exposición, cuando se trata de estudiar a ras de tierra, de alguna manera, al nivel del acontecimiento, los fuegos cruzados del saber y del poder, me pregunto si no hay lugar también para una cuestión subyacente y, digámoslo, más esencialmente o más tradicionalmente filosófica, que se situaría en retirada con respecto a este estudio precioso y minucioso de los juegos del saber y del poder en diferentes dominios. Esta cuestión metafísica e histórica podría formularse de la manera siguiente: ¿no se puede decir que, en un cierto momento de nuestra historia y en una cierta región del mundo, el saber en sí mismo, el saber como tal, ha tomado la forma de un poder o de una potencia, mientras que el poder, por su parte, siempre definido como un saber-hacer, una cierta manera de actuar con astucia o de saber manejar, manifestaba la esencia propiamente dinámica de lo noético? No hay nada de sorprendente, si es que debe ser así, que Michel Foucault pueda entonces volver a encontrar y desembrollar las redes o relaciones múltiples que se establecen entre el saber y el poder, puesto que, al menos, a partir de una cierta época, el saber es en su fondo un poder y el poder, en su fondo, un saber, el saber y el poder de un mismo querer, de una misma voluntad que me veo obligado a llamar voluntad de poder.

MICHEL FOUCAULT. ¿Se referiría su pregunta a la generalidad de este tipo de relación?

HENRI BIRAULT. No tanto a su generalidad como a su radicalidad o su fundamento oculto más acá de la dualidad de los dos términos saber-poder. ¿No es posible encontrar una especie de esencia común del saber y del poder, definiéndose el saber en sí mismo como saber del poder, y el poder, por su parte, como saber del poder[4] (con la tarea de explorar atentamente las múltiples significaciones de este doble genitivo)?

MICHEL FOUCAULT. Absolutamente. Ahí, justamente, he sido insuficientemente claro, en la medida en que lo que yo quisiera hacer, lo que sugeriría, es que por debajo o más acá de una especie de descripción –en general, hay intelectuales y hombres de poder, hay hombres de ciencia y exigencias de la industria, etc.– de hecho tenemos toda una red trenzada. No sólo elementos de saber y de poder; sino que, para que el saber funcione como saber, esto sólo es posible en la medida en que el saber ejerce un poder. En el interior de los otros discursos de saber, en relación con los discursos de saber posibles, cada enunciado considerado como verdadero ejerce un cierto poder y crea al mismo tiempo una posibilidad;

---

[4] Debería decir «poder del saber».

inversamente, todo ejercicio de poder, incluso si se trata de un asesinato, implica por lo menos un saber hacer y, después de todo, aplastar salvajemente a un individuo, es todavía una cierta manera de proceder con vistas a un resultado. Por tanto, estoy completamente de acuerdo y es lo que intentaba hacer aparecer: bajo las polaridades que a nosotros nos parecen muy distintas de las del poder, hay una especie de espejeo...

NOËL MOULOUD. Vuelvo a la referencia común a H. Birault y a mí: Popper. Una de las intenciones de Popper es mostrar que en la constitución de esferas de poder, cualquiera que sea su naturaleza, es decir, dogmas, normas imperativas, paradigmas, no es el saber mismo el que está implicado, quien es responsable, sino que es una racionalidad desviante que ya no es un saber verdaderamente. El saber, o la racionalidad, en tanto que formadora, está ella misma desligada de paradigmas, de recetas. Su iniciativa propia es la de volver a poner en cuestión sus propias certidumbres, su propia autoridad, y «polemizar contra sí misma». Precisamente por esta razón es racionalidad y la metodología, tal como Popper la concibe, consiste en repartir, separar estos dos comportamientos, hacer imposible la confusión o la mezcla del uso de recetas, la gestión de procedimientos y la invención de razones. Y yo me preguntaría, aunque esto sea mucho más difícil, si en el dominio humano, social, histórico, las ciencias sociales en su conjunto no desempeñan igualmente y ante todo el papel de la apertura: hay aquí una situación muy difícil, porque ellas son de hecho solidarias de la técnica. Entre una ciencia y los poderes que la utilizan hay una relación que no es verdaderamente esencial; aunque sea importante, permanece «contingente» en cierta manera. Son más bien las condiciones técnicas de utilización del saber las que están en relación directa con el ejercicio de un poder, de un poder que escapa al intercambio o al examen, más que las condiciones del saber mismo; y es en este sentido en el que no comprendo exactamente el argumento. Por otra parte, M. Foucault ha hecho observaciones clarificadoras que, sin duda, desarrollará. Pero me planteo la pregunta: ¿hay un lazo realmente directo entre las obligaciones o las exigencias del saber y las del poder?

MICHEL FOUCAULT. Yo estaría muy contento si se pudiera hacer así, es decir, si se pudiera decir: tenemos la buena ciencia, la que es a la vez verdadera y no tiene nada que ver con el perverso poder; y luego, los malos usos de la ciencia, ya sea su aplicación interesada, ya sus errores. Si usted me asegura que es así, pues bien, yo me iría feliz.

NOËL MOULOUD. Yo no digo tanto, reconozco que el lazo histórico, el lazo eventual es fuerte. Pero señalo algunas cosas: que las nuevas investigaciones científicas (las de la biología, las de las ciencias humanas) vuelven a colocar al hombre y a la sociedad en una situación de no-determinación, abriéndoles vías de libertad y, de ese modo, obligándoles, por decirlo así, a ejercer de nuevo unas decisiones. Además, que los poderes opresivos escasamente se apoyan sobre un saber científico, sino con preferencia sobre un no-saber, sobre una ciencia reducida previamente a un «mito»: conocemos los ejemplos de un racismo fundado sobre una «pseudogenética» o de un pragmatismo político fundado sobre una deformación «neolamarckiana» de la biología, etc. Y, por último, yo creo que las informaciones positivas de una ciencia reclaman la distancia de un juicio crítico. Pero me parece –y éste era más o menos el sentido de mi argumento– que una crítica humanista que retoma unos criterios culturales y axiológicos, no puede desarrollarse completamente ni tener éxito más que con el apoyo que le da el conocimiento mismo, haciendo la crítica de sus bases, de sus presupuestos, de su antecedentes. Esto concierne sobre todo a las clarificaciones que aportan las ciencias del hombre, la historia; y me parece que Habermas, en particular, incluye esta dimensión analítica en lo que él llama la crítica de las ideologías, de las propias ideologías que son engendradas por el saber.

MICHEL FOUCAULT. Yo pienso que ésa es la ventaja de la crítica, justamente.

HENRI GOUHIER. Quisiera plantearle una pregunta. Estoy completamente de acuerdo con la manera en que usted ha operado su división y sobre la importancia de la Reforma. Pero me parece que hay en toda la tradición occidental un fermento crítico que viene del socratismo. Quisiera preguntarle si la palabra *crítica*, tal y como usted la ha definido y empleado, no podría convenir para designar lo que provisionalmente yo llamaría un fermento crítico del socratismo en todo el pensamiento occidental, que desempeñó un papel a causa de los retornos a Sócrates en los siglos XVI y XVII.

MICHEL FOUCAULT. Usted me lleva a una cuestión más difícil. Yo diría que ese retorno del socratismo (se percibe, se detecta, se ve históricamente, me parece, en el gozne de los siglos XVI-XVII) sólo ha sido posible sobre el fondo de esto, en mi opinión mucho más importante, que han sido las luchas pastorales y este problema del gobierno de los hombres, gobierno en el sentido muy pleno y amplio que éste tenía al final de la Edad Media. Gobernar a los hombres era cogerles de la mano, conducirles hasta su salvación por una operación, una técnica de conducción detallada que implicaba todo un juego de saber: sobre el individuo que se guiaba, sobre la verdad hacia la que se le guiaba...

HENRI GOUHIER. ¿Podría usted retomar su análisis si hiciese una exposición sobre Sócrates y su tiempo?

MICHEL FOUCAULT. Éste es, en efecto, el verdadero problema. Es más, para responder rápidamente sobre este asunto tan difícil, me parece que en el fondo, cuando se interroga a Sócrates así, o incluso —casi no me atrevo a decirlo— me pregunto si Heidegger, al interrogar a los presocráticos no hace... no, en absoluto, no se trata de cometer un anacronismo y de trasladar el siglo XVIII al V... Pero esta cuestión de la *Aufklärung* que es, creo, completamente fundamental para la filosofía occidental desde Kant, me pregunto si no se barre con ella de alguna manera toda la historia posible y hasta los orígenes radicales de la filosofía. De manera que el proceso de Sócrates creo que puede ser interrogado válidamente, sin ningún anacronismo, pero a partir de un problema que es y que ha sido, en todo caso, percibido por Kant como siendo un problema de la *Aufklärung*.

JEAN-LOUIS BRUCH. Quisiera plantearle una pregunta sobre una formulación que es central en su exposición pero que ha sido expresada de dos formas que me han parecido diferentes. Usted ha hablado al final de «la voluntad decisoria de no ser gobernado» como un fundamento, o una vuelta de la *Aufklärung*, que ha sido el tema de su conferencia. Usted ha hablado al principio de «no ser gobernado de ese modo», de «no ser hasta tal punto gobernado», de «no ser gobernado a ese precio». En un caso, la formulación es absoluta, en el otro es relativa, ¿en función de qué criterios? Me pregunto si es por haber experimentado fuertemente el abuso de la gubernamentalización por lo que usted se sitúa en la posición radical, voluntad decisoria de no ser gobernado. Y, por último, ¿no debe ser esta última posición objeto de una interrogación, de una puesta en cuestión que tendría una esencia filosófica?

MICHEL FOUCAULT. Son dos buenas preguntas.
Sobre el asunto de la variación de las formulaciones: no pienso, en efecto, que la voluntad de no ser gobernado en absoluto sea algo que podamos considerar como una aspiración originaria. Pienso que, de hecho, la voluntad de no ser gobernado es

siempre la voluntad de no ser gobernado así, de esta manera, por éstos, a este precio. En cuanto a la formulación de no ser gobernado en absoluto, me parece que es, de alguna manera, el paroxismo filosófico y teórico de lo que sería esta voluntad de no ser relativamente gobernado. En cuanto al final, yo decía voluntad decisoria de no ser gobernado, entonces ahí, error por mi parte, era no ser gobernado así, de esa forma, de esta manera. No me refería a una especie de anarquismo fundamental, que sería como la libertad originaria rebelde absolutamente, y en su fondo, a toda gubernamentalización. No lo he dicho, pero eso no quiere decir que yo la excluya absolutamente. Creo que, en efecto, mi exposición se para ahí: porque había durado ya demasiado tiempo; pero también porque me pregunto... si se quiere hacer la exploración de esta dimensión de la crítica que me parece tan importante, a la vez porque forma parte de la filosofía y porque no forma parte de ella, si se explora esta dimensión de la crítica, ¿no sería uno reenviado, como base de la actitud crítica, a lo que sería la práctica histórica de la revuelta, de la no-aceptación de un gobierno real, por una parte, o, por la otra, a la experiencia individual del rechazo de la gubernamentalidad? Lo que me sorprende mucho –pero quizás estoy obsesionado porque son cosas de las que me ocupo ahora mucho– es que, si esta matriz de la actitud crítica en el mundo occidental hay que buscarla en la Edad Media en unas actitudes religiosas y en relación con el ejercicio del poder pastoral, es también muy asombroso que se vea cómo la mística, como experiencia individual, y la lucha institucional y política, forman una unidad y, en todo caso, están perpetuamente referidas la una a la otra. Yo diría que una de las primeras grandes formas de revuelta en Occidente ha sido la mística; y todos esos focos de resistencia a la autoridad de la Escritura, a la mediación del pastor, se han desarrollado en los conventos o en el exterior de los conventos por los laicos. Cuando vemos que estas experiencias, estos movimientos de la espiritualidad, han servido con frecuencia de vestidura, de vocabulario y, mucho más todavía, de maneras de ser y de soportes a la espera de una lucha que podemos llamar económica, popular, de clases (en términos marxistas), encuentro que tenemos ahí algo fundamental.

En el recorrido de esta actitud crítica cuyo origen, me parece, encuentra la historia en este momento, ¿no hace falta ahora interrogar lo que sería la voluntad de no ser gobernado así, de esa manera, etc., tanto en su forma individual de experiencia como en su forma colectiva? Ahora hay que plantear el problema de la voluntad. En suma, y dirán que esto es evidente, no se puede retomar este problema siguiendo el hilo del poder, sin llegar, seguro, a plantear la cuestión de la voluntad. Era tan evidente, que yo habría podido darme cuenta antes; pero, como este problema de la voluntad es un problema que la filosofía occidental ha tratado siempre con infinita precaución y dificultad, digamos que he intentado evitarlo en la medida de lo posible. Podemos decir que es inevitable. Les he ofrecido aquí las consideraciones de un trabajo que está en marcha.

ANDRÉ SERNIN. ¿En que lado se situaría usted más bien? ¿En el lado de Auguste Comte que, esquematizando, separa rigurosamente el poder espiritual del poder temporal, o, en el lado contrario, el de Platón, que decía que las cosas nunca marcharían bien mientras los filósofos mismos no fuesen los jefes del poder temporal?

MICHEL FOUCAULT. ¿Hay que escoger realmente?

ANDRÉ SERNIN. No, no hay que escoger, pero ¿hacia qué lado se inclinaría usted más...?

MICHEL FOUCAULT. ¡Intentaría escabullirme!

PIERRE HADJL-DIMOU. Usted nos ha presentado con éxito el problema de la crítica en su relación con la filosofía y ha llegado a las relaciones entre poder y conocimiento. Yo quisiera aportar un poco de claridad a propósito del pensamiento griego. Pienso que este problema ha sido ya planteado por el señor presidente. «Conocer» es tener el *logos* y el *mythos*. Creo que con la *Aufklärung* no se llega a conocer; el conocimiento no es sólo la racionalidad, no es solamente en la vida histórica el *logos*, hay una segunda fuente, el *mythos*. Si nos referimos a la discusión entre Protágoras y Sócrates, cuando Protágoras plantea la cuestión a propósito de la *Politeia*, del derecho de castigar, de su poder, dice que él va a precisar e ilustrar su pensamiento sobre el *mythos* –el *mythos* está ligado al *logos* porque hay una racionalidad: cuanto más nos enseña, más bello es–. He aquí la pregunta que quisiera añadir: al suprimir una parte del pensamiento, el pensamiento irracional que llega al *logos*, es decir, el *mythos*, ¿se llegan a conocer las fuentes del conocimiento, el conocimiento del poder que tiene también un sentido mítico?

MICHEL FOUCAULT. Estoy de acuerdo con su pregunta.

SYLVAIN ZAC. Quisiera hacer dos observaciones. Usted ha dicho, con razón, que la actitud crítica podía ser considerada como una virtud. Ahora bien, hay un filósofo, Malebranche, que ha estudiado esta virtud: la libertad de espíritu. Por otra parte, no estoy de acuerdo con usted sobre las relaciones que establece en Kant, entre su artículo sobre las *Luces* y su crítica del conocimiento. Ésta fija efectivamente unos límites, pero ella misma no tiene límite; es total. Ahora bien, cuando se lee el artículo sobre las *Luces*, se ve que Kant hace una distinción muy importante entre el uso público y el uso privado. En el caso del uso público, este coraje debe desaparecer. Lo que hace...

MICHEL FOUCAULT. Es al contrario, porque lo que él llama el uso público es...

SYLVAIN ZAC. Cuando alguien ocupa por ejemplo una cátedra de filosofía en una universidad, entonces, él hace un uso público de la palabra y no debe criticar la Biblia; por el contrario, en el uso privado, puede hacerlo.

MICHEL FOUCAULT. Es al contrario, y eso es lo interesante. En efecto, Kant dice: «hay un uso público de la razón que no debe ser limitado». ¿Qué es este uso público? Es el que circula de sabio en sabio, que pasa por los periódicos y las publicaciones, y que apela a la conciencia de todos. Estos usos públicos de la razón no deben ser limitados y, curiosamente, lo que él llama uso privado es el uso, de alguna manera, del funcionario. Y el funcionario, el oficial, dice Kant, no tiene el derecho de decir a su superior: «no te obedezco y tu orden es absurda». La obediencia de cada individuo, en tanto que forma parte del Estado, a su superior, al soberano o al representante del soberano, eso es lo que él llama curiosamente el uso privado.

SYLVAIN ZAC. Estoy de acuerdo con usted, me he equivocado, pero resulta sin embargo que en este artículo hay unos límites a la manifestación del coraje. Ahora bien, estos límites los he encontrado en todas partes, en todos los *Aufklärer*, en Mendelssohn evidentemente. Hay en el movimiento de la *Aufklärung* alemán una parte de conformismo que no se encuentra siquiera en las *Lumières* francesas del siglo XVIII.

MICHEL FOUCAULT. Estoy completamente de acuerdo, no veo muy bien en qué cuestiona eso lo que yo he dicho.

SYLVAIN ZAC. No creo que haya un lazo histórico íntimo entre el movimiento de la *Aufklärung*, que usted ha considerado central, y el desarrollo de la actitud crítica, de la actitud de resistencia desde el punto de vista intelectual o desde el punto de vista político. ¿No cree usted que se pueda aportar esta precisión?

MICHEL FOUCAULT. Yo no creo, por una parte, que Kant se haya sentido extraño a la *Aufklärung*, que para él era su actualidad y en el interior de la cual él intervenía, no sólo por este artículo de la *Aufklärung*, sino por otros muchos asuntos...

SYLVAIN ZAC. La palabra *Aufklärung* se encuentra de nuevo en *La religión en los límites de la mera razón*, pero se aplica allí a la pureza de los sentimientos, a algo interior. Se ha producido, como en Rousseau, una inversión.

MICHEL FOUCAULT. Quisiera terminar lo que estaba diciendo... Entonces Kant se siente ligado a esta actualidad que él llama la *Aufklärung* y que intenta definir. Y en relación con este movimiento de la *Aufklärung*, me parece que él introduce una dimensión que podemos considerar como más particular o, al contrario, como más general y más radical, que es ésta: la primera audacia que uno debe poner en acción cuando se trata del saber y del conocimiento, es conocer lo que uno puede conocer. Ésa es la radicalidad y, por otra parte, para Kant, la universalidad de su empresa. Creo en este parentesco, sean cuales sean sus límites, ciertamente, de las audacias de los *Aufklärer*. No veo cómo el hecho de las timideces de los *Aufklärer* cambiaría algo en esta especie de movimiento que Kant ha operado y del que, creo, ha sido más o menos consciente.

HENRI BIRAULT. Yo creo que, en efecto, la filosofía crítica representa también un movimiento a la vez de restricción y de radicalización en relación con la *Aufklärung* en general.

MICHEL FOUCAULT. Pero su lazo con la *Aufklärung* era la cuestión de todo el mundo en esta época. ¿Qué es lo que estamos diciendo, qué es este movimiento que nos ha precedido un poco, al cual pertenecemos aún y que se llama *Aufklärung*? La mejor prueba es que el periódico tenía que publicar una serie de artículos, el de Mendelssohn, el de Kant... Era la cuestión de actualidad. Un poco como nosotros nos plantearíamos la cuestión: ¿qué es la crisis de los valores actuales?

JEANNE DUBOUCHET. Quisiera preguntarle qué es lo que usted pone como materia del saber. Creo haber comprendido el poder, puesto que el problema era no ser gobernado: pero ¿qué tipo de saber?

MICHEL FOUCAULT. Justamente ahí, si empleo esa palabra, es otra vez con fines de neutralización de todo lo que podría ser legitimación o incluso simplemente jerarquización de valores. Si usted quiere, para mí –aunque esto pueda y deba parecer escandaloso a los ojos de un científico o un metodólogo o incluso de un historiador de las ciencias–, para mí, entre la proposición de un psiquiatra y una demostración matemática, cuando hablo de saber, no hago, provisionalmente, diferencia. El único punto por el que introduciría unas diferencias es el de saber cuáles son los efectos de poder, de inducción –inducción no en el sentido lógico del término– que esta proposición puede tener, por una parte, en el interior del dominio científico en el que se formula –las matemáticas, la psiquiatría, etc.– y, por otra parte, cuáles son las redes de poder institucionales, no discursivas, no formalizables, no especialmente científicas, a las cuales está ligado ese saber desde el momento en que está puesto en circulación. Esto es lo que yo llamaría el saber: los elementos de conocimiento que, sea cual sea su valor en relación con nosotros, en relación con un espíritu puro, ejercen en el interior de su dominio y en el exterior unos efectos de poder.

HENRI GOUHIER. Creo que me queda agradecer a Michel Foucault que nos haya procurado una sesión tan interesante y que va a dar lugar, ciertamente, a una publicación que será particularmente importante.

MICHEL FOUCAULT. Se lo agradezco.

SEMINARIO SOBRE EL TEXTO DE KANT «WAS IST AUFKLÄRUNG?»*

Me parece que este texto pone de relieve un nuevo tipo de problema en el campo de la reflexión filosófica. Ciertamente, no es ni el primer texto de la historia de la filosofía, ni incluso el único texto de Kant que trata sobre un problema concerniente a la historia. Hay textos en Kant que plantean a la historia un problema de origen: el texto sobre los comienzos de la historia misma, el texto sobre la definición del concepto de raza; otros textos plantean a la historia el problema de su forma de realización: por ejemplo, en el mismo año 1784, *La idea de una historia universal desde el punto de vista cosmopolita*. Otros, en fin, se interrogan acerca de la finalidad interna que organiza los procesos históricos, por ejemplo el texto dedicado al uso de los principios teleológicos. Todos estos problemas, que por otra parte están estrechamente relacionados entre sí, atraviesan en efecto los análisis de Kant a propósi-

---
* Traducción y notas de Eduardo Bello.

to de la historia. Me parece que el texto sobre la *Aufklärung* es un texto bastante diferente; en todo caso no plantea directamente ninguno de estos problemas, ni el del origen, ni, a pesar de su apariencia, el del acabamiento; además, se plantea de una manera relativamente discreta, casi lateral, el problema de la teleología inmanente al proceso mismo de la historia.

La cuestión que, en mi opinión, aparece por primera vez en este texto de Kant, es la cuestión del presente, la cuestión de la actualidad: ¿qué es lo que pasa hoy día? ¿Qué es lo que pasa ahora? ¿Y qué es este «ahora» en cuyo interior nos encontramos unos y otros, y que define el momento en que escribo? No es la primera vez que se encuentran en la reflexión filosófica referencias al presente, al menos como situación histórica determinada, que puede tener valor para el pensar filosófico. Después de todo, cuando Descartes en el comienzo del *Discurso del método* cuenta su propio itinerario y el conjunto de decisiones filosóficas que ha tomado a la vez para él mismo y en relación con la filosofía, se refiere de una manera muy explícita a algo que puede ser considerado como una situación histórica en el orden del conocimiento y de las ciencias de su propia época. Pero en este tipo de referencias se trata siempre de encontrar en esta configuración designada como presente, un motivo para una decisión filosófica; en Descartes no encontrarán ustedes una cuestión como ésta: «¿Qué es, pues, en concreto, este presente al que yo pertenezco?» Ahora bien, me parece que la cuestión a la que Kant responde, a la que por otra parte se ve inducido a responder porque se la han planteado, es otra. No es simplemente: ¿qué es lo que en la situación actual puede determinar tal o cual decisión de orden filosófico? La cuestión trata sobre lo que es este presente, trata en primer lugar sobre la determinación de un cierto elemento del presente que se intenta reconocer, distinguir, descifrar entre otros muchos. ¿Qué es lo que en el presente tiene sentido actualmente para una reflexión filosófica?

En la respuesta que Kant intenta dar a esta pregunta, se propone mostrar de qué modo se constituye este elemento en portador y signo de un proceso que concierne al pensamiento, al conocimiento, a la filosofía; de otro modo, trata de mostrar en qué y cómo aquel que habla en tanto que pensador, en tanto que sabio, en tanto que filósofo forma parte él mismo de este proceso, y, más aún, cómo tiene que desempeñar un determinado papel en este proceso, en el que se sentirá luego a la vez elemento y actor.

En resumen, me parece que en el texto de Kant se ve aparecer la cuestión del presente como acontecimiento filosófico al que pertenece el filósofo que de él habla. Si se quiere considerar la filosofía como una forma de práctica discursiva que tiene su propia historia, me parece que con este texto sobre la *Aufklärung* se ve a la filosofía (y no creo exagerar al decir que es la primera vez) problematizar su propia actualidad discursiva: actualidad que ella interroga como acontecimiento, como un acontecimiento del cual tiene que decir el sentido, el valor, la singularidad filosófica y en el que tiene que encontrar a la vez su propia razón de ser y el fundamento de lo que dice. Por eso mismo se observa que, para el filósofo, plantear la cuestión de su pertenencia a este presente, no será ya de ninguna manera la cuestión de su pertenencia a una doctrina o una tradición; no será ya simplemente la cuestión de su pertenencia a una comunidad humana en general, sino la de su pertenencia a un determinado «nosotros», a un nosotros que se refiere a un conjunto cultural característico de su propia actualidad.

Este nosotros es el que se está constituyendo para el filósofo en el objeto de su propia reflexión; y por eso mismo se afirma la imposibilidad para el filósofo de ahorrarse la interrogación de su pertenencia singular a este nosotros. Todo esto, la filosofía como problematización de una actualidad, y como interrogación por parte del filósofo de esta actualidad de la que forma parte y en relación con la cual tiene que situarse, podría muy bien caracterizar a la filosofía como discurso de la modernidad y sobre la modernidad.

Para hablar muy esquemáticamente, la cuestión de la modernidad había sido planteada en la cultura clásica según un eje de dos polos, el de la antigüedad y el de la modernidad; se había formulado, ya sea en los términos de tener que aceptar o rechazar una autoridad (¿qué autoridad aceptar?, ¿qué modelo seguir?, etc.), ya sea más bien bajo la forma (correlativa, por otra parte, de aquélla) de una valoración comparada: ¿acaso los antiguos son superiores a los modernos? ¿Acaso nos encontramos en un período de decadencia, etc.? Se ve aflorar una nueva manera de plantear la cuestión de la modernidad, no ya en una relación longitudinal a los antiguos, sino en la que se podría llamar una relación «sagital»[1] a su propia actualidad. El discurso tiene que replantear su propia actualidad, por una parte, para volver a encontrar en ella su lugar propio, por otra, para decir su sentido, y, en fin, para especificar el modo de acción que es capaz de ejercer en el interior de esta actualidad.

¿Cuál es mi actualidad? ¿Cuál es el sentido de esta actualidad? ¿Y qué es lo que hago cuando hablo de esta actualidad? En esto consiste, a mi parecer, esta interrogación nueva sobre la modernidad.

Con ello no se indica sino una pista que convendría explorar un poco más de cerca. Sería preciso intentar hacer la genealogía, no tanto de la noción de modernidad, sino más bien de la modernidad como cuestión. Y, en todo caso, incluso si tomo el texto de Kant como punto de emergencia de esta cuestión, es evidente que forma parte él mismo de un proceso histórico más amplio cuyos síntomas sería necesario auscultar. Uno de los ejes interesantes para el estudio del siglo XVIII en general y, más particularmente, de la *Aufklärung*, sería sin duda interrogarse sobre el hecho siguiente: la *Aufklärung* se ha denominado a sí misma *Aufklärung;* constituye indudablemente un proceso cultural muy singular que ha tomado conciencia de sí mismo dándose un nombre, situándose en relación con su pasado y en relación con su futuro, y señalando las operaciones que debe efectuar en el interior de su propio presente.

---

[1] Tanto en español como en francés, en cuyo texto también aparece entrecomillado, el adjetivo «sagital» (de *sagita*, saeta, flecha) especifica la relación del filósofo respecto de su presente o actualidad.

Después de todo, ¿acaso no es la *Aufklärung* la primera época que se da nombre a sí misma y que en lugar de caracterizarse sencillamente, según una vieja costumbre, como período de decadencia o de prosperidad, de esplendor o de miseria, se da nombre a través de un determinado acontecimiento que depende de una historia general del pensamiento, de la razón y del saber, y en cuyo interior ella misma tiene que desempeñar un papel?

La *Aufklärung* es un período, un período que formula su propia divisa, su propio precepto, y que dice lo que tiene que hacer, tanto en relación con la historia general del pensamiento, como en relación con su propio presente y con las formas de conocimiento, de saber, de ignorancia, de ilusión en las cuales sabe reconocer su situación histórica.

Me parece que en esta cuestión de la *Aufklärung* se percibe una de las primeras manifestaciones de una cierta manera de filosofar, que ha tenido una larga historia desde hace dos siglos. Una de las grandes funciones de la filosofía llamada «moderna» (aquella cuyo comienzo cabe situar a finales del siglo XVIII) consiste en interrogarse sobre su propia actualidad.

Se podría seguir la trayectoria de esta modalidad de filosofía a través del siglo XIX y hasta nuestros días. Lo único que me gustaría subrayar, de momento, es que esta cuestión tratada por Kant en 1784 para responder a una pregunta que se le había formulado, Kant no la ha olvidado. La va a plantear de nuevo y va a intentar darle una respuesta a propósito de otro acontecimiento que, a su vez, no ha cesado de interrogarse sobre sí mismo. Este acontecimiento, obviamente, es la revolución francesa.

En 1798, Kant va a continuar de alguna manera el texto de 1784. En 1784, trataba de responder a la pregunta que se le había hecho: «¿Qué es esta *Aufklärung* de la que nosotros mismos formamos parte?» y en 1798 responde a una cuestión, que la actualidad le planteaba, pero que estaba siendo formulada desde 1794 por toda la discusión filosófica en Alemania. La cuestión era la siguiente: «¿Qué es la revolución?»

Ustedes saben que *El conflicto de las facultades* es un libro que recoge tres disertaciones acerca de las relaciones entre las diferentes facultades que constituyen la Universidad. La segunda disertación se refiere al conflicto entre la Facultad de Filosofía y la Facultad de Derecho[2]. Ahora bien, todo el espacio de las relaciones entre filosofía y derecho está dominado por este problema: «¿Es posible un progreso constante para el género humano?» Y, para responder a esta pregunta, Kant mantiene en el parágrafo V de esta disertación el siguiente razonamiento: si se quiere responder a la pregunta «¿Es posible un progreso constante para el género humano?», es necesario determinar si existe una causa posible de

---

[2] Foucault se refiere al texto «Replanteamiento de la cuestión sobre si el género humano se halla en continuo progreso hacia lo mejor», segunda parte de *El conflicto de las facultades* (trad. española en I. Kant, *Ideas para una historia universal en clave cosmopolita y otros escritos sobre Filosofía de la Historia*, trad. de C. Roldán y R. Rodríguez Aramayo, Tecnos, Madrid, 1987, pp. 79-100). El texto alemán es «Der Streit der Fakultäten» (1798), *Kants Werke*. Akademie Textausgabe, t. VII, pp. 1-116. En lo sucesivo se citará la traducción española mencionada, seguida entre paréntesis de la referencia a la edición alemana con la sigla AK.

este progreso, pero una vez establecida esta posibilidad, es preciso mostrar que esta causa actúa efectivamente y, para esto, poner de relieve un cierto acontecimiento que indique que la causa actúa efectivamente. En síntesis, la fijación de una causa nunca podrá determinar sino efectos posibles o, más exactamente, la posibilidad del efecto; pero la realidad de un efecto sólo podrá ser establecida por la existencia de un acontecimiento.

No basta, pues, seguir la trama teleológica que hace posible un progreso; es necesario aislar, en el interior de la historia, un acontecimiento que tendrá valor de signo.

¿Signo de qué? Signo de la existencia de una causa, de una causa permanente que en el curso entero de la historia misma ha guiado a los hombres por la vía del progreso. Causa constante de la que hay que mostrar, pues, que ha actuado en otro tiempo, que actúa ahora, y que actuará en lo sucesivo. Por consiguiente, el acontecimiento que podrá permitirnos decidir si hay progreso, será un signo «*rememorativum, demonstrativum, prognostikon*»[3]. Es necesario que sea un signo que indique que esto ha sido siempre así (es el signo rememorativo), un signo que haga patente que las cosas suceden actualmente de esta forma (es el signo demostrativo), que muestre en fin que esto sucederá ininterrumpidamente de esta manera (signo pronóstico). Y de este modo podremos estar seguros de que la causa que hace posible el progreso no ha actuado simplemente en un momento

---

[3] «Replanteamiento...», ed. española citada, p. 87 (AK, t. VII, disertación 2.ª, pfo. 5).

dado, sino que garantiza una tendencia general del género humano en su totalidad a caminar por la senda del progreso. He aquí el problema: «¿Hay en torno nuestro un acontecimiento que pudiera ser rememorativo, demostrativo y pronóstico de un progreso incesante y que implique al género humano en su totalidad?»

La respuesta que da Kant la han adivinado ustedes; pero me gustaría leerles el pasaje mediante el cual va a introducir la revolución como acontecimiento que tiene este valor de signo. «Este suceso —escribe al comienzo del parágrafo VI– no se cifra en relevantes acciones o en alevosos crímenes ejecutados por los hombres, en virtud de los cuales se menoscaba lo que era grandioso y se magnifica cuanto era mezquino, haciendo desaparecer como por arte de magia los antiguos y esplendorosos edificios políticos para poner en su lugar otros surgidos cual de las entrañas de la tierra. No, nada de eso»[4].

En este texto Kant hace alusión evidentemente a las reflexiones tradicionales que investigan las pruebas del progreso o del no progreso del género humano en el derrumbamiento de los imperios, en las grandes catástrofes en virtud de las cuales desaparecen los estados mejor consolidados, en los cambios de fortunas que abaten los poderes establecidos y hacen aparecer otros nuevos. Presten atención, dice Kant a sus lectores, no es en los grandes acontecimientos en donde tenemos que buscar el signo rememorativo, demostrativo, pronóstico del progreso; sino en acontecimientos mucho menos grandiosos,

---

[4] *Op. cit.*, p. 87 (AK, VII, 2.ª, pfo. 6).

mucho menos perceptibles. No se puede hacer este análisis de nuestro propio presente, desde estos valores significativos, sin entregarse a un cifrado que permitirá dar a lo que carece, aparentemente, de significado y valor, la significación y el valor considerables que buscamos. Ahora bien, ¿qué es este acontecimiento que no es, pues, un «gran» acontecimiento? Evidentemente hay una paradoja al decir que la revolución no es un acontecimiento resonante. ¿Acaso no es el ejemplo mismo del acontecimiento que lo cambia todo, que hace que lo que era grande llegue a ser pequeño, lo que era pequeño llegue a ser grande, y que devora las estructuras más aparentemente sólidas de la sociedad y de los Estados? Ahora bien, para Kant, no es éste el aspecto de la revolución que tiene sentido. Lo que constituye el acontecimiento de valor rememorativo, demostrativo y pronóstico no es el drama revolucionario como tal, no son las proezas revolucionarias, ni la gesticulación que lo acompaña. Lo que es significativo, es la manera como la revolución constituye un espectáculo, es la manera como es acogida en todo su alrededor por los espectadores que no participan en ella, pero que la observan, la presencian y que, para bien o para mal, se dejan llevar por ella. Lo que constituye la prueba del progreso no es la sacudida [*bouleversement*] revolucionaria; en primer lugar sin duda alguna porque no hace sino invertir las cosas, pero también porque si uno tuviera que empezar la revolución, no la repetiría. Sobre esto disponemos de un texto de gran interés: «La revolución –dice– de un pueblo pletórico de espíritu, que estamos presenciando en nuestros días [se trata pues de la Revolución francesa], puede triunfar o fracasar, puede acumular miserias y atrocidades en tal medida que cualquier hombre sensato nunca se decidiese a repetir un experimento tan costoso, aunque pudiera llevarlo a cabo por segunda vez con fundadas esperanzas de éxito [...]»[5]. Lo importante no es, pues, el proceso revolucionario; tanto si fracasa como si tiene éxito, esto no tiene nada que ver con el progreso, o al menos con el signo del progreso que buscamos. El fracaso o el éxito de la revolución no son signos de que haya o no haya progreso. Más aún, si a alguien le fuera dado conocer la revolución, saber cómo se desarrolla, y al mismo tiempo conducirla a feliz término calculando el precio necesario de esta revolución, pues bien, este hombre sensato no lo haría. Por tanto, como «inversión» [«*retournement*»], como empresa que puede triunfar o fracasar, como precio demasiado elevado a pagar, la revolución en sí misma no puede ser considerada como el signo de que existe una causa capaz de sustentar a través de la historia el progreso constante de la humanidad.

En cambio, lo que significa y lo que va a constituir el signo del progreso es que, en torno a la revolución –dice Kant–, hay «una *simpatía* rayana en el entusiasmo»[6]. Lo que es importante en la revolución no es la revolución misma, sino lo que acontece en la conciencia de aquellos que no la hacen o en todo caso que no son sus protagonistas principales; lo importante es la relación que ellos mismos tienen

---

[5] *Op. cit.*, p. 88 (AK, VII, 2.ª, pfo. 6).
[6] *Loc. cit.*

con esta revolución de la que no son agentes activos. El entusiasmo por la revolución es el signo, según Kant, de una disposición moral de la humanidad; esta disposición se manifiesta permanentemente de dos maneras: en primer lugar, en el derecho de todos los pueblos a darse la constitución política que les conviene y, en segundo lugar, en el principio conforme al derecho y a la moral, de una constitución política tal que evite, en razón de sus propios principios, toda guerra agresiva[7]. Ahora bien, es ante todo la disposición de la humanidad hacia una tal constitución lo que aparece en el entusiasmo por la revolución. La revolución como espectáculo y no como gesticulación, como foco de entusiasmo para quienes la presencian, y no como principio de sacudida para los que participan en ella, es un «*signum rememorativum*», pues revela esta disposición presente desde el

---

[7] El fragmento de Kant al que se refiere Foucault es el siguiente: «Esta causa moral presenta dos vertientes: primero, la del *derecho* de todo pueblo a no ser obstaculizado por poder alguno a la hora de darse la constitución civil que le parezca más oportuna; segundo, la del *objetivo* (que al mismo tiempo es un deber) de que aquella constitución sólo sea *jurídica* y moralmente buena en sí, cuando su naturaleza sea tal que pueda evitar por principio la guerra ofensiva [...]» (ed. española citada, p. 88). El texto original es: «Diese moralische einfliesende Ursache ist zwiefach: Erstens die des Rechts, das ein Volk von anderen Mächten nicht gehindert werden müsse, sich eine bürgerliche Verfassung zu geben, wie sie ihm selbst gut zu sein dünkt; zweitens die des Zwecks (der zugleich Pflicht ist), das diejenige Verfassung eines Volks allein an sich rechtlich und moralisch gut sei, welche ihrer Natur nach so beschaffen ist, den Angriffskrieg nach Grundsätzen zu meiden [...]». (AK, VII, 2.ª, pfo. 6, p. 85). Este fragmento es básico para aclarar el sentido de la nota siguiente.

origen; es un «*signum demonstrativum*», porque muestra la eficacia presente de esta disposición; y es también un «*signum prognostikon*», pues si bien es cierto que muchos resultados de la revolución se pueden poner en entredicho, no hay que olvidar la disposición que a través de ella se ha hecho patente.

Se sabe igualmente que aquellos dos elementos, la constitución política voluntariamente elegida por los hombres y una constitución política que evite la guerra son, ambos, los que definen el proceso mismo de la *Aufklärung*, es decir, que la revolución es aquello que acaba y continúa el proceso mismo de la *Aufklärung*, y desde esta perspectiva tanto la *Aufklärung* como la revolución son acontecimientos que no pueden ya olvidarse. Escribe Kant: «De acuerdo con los indicios de nuestros días, creo poder pronosticar al género humano (aunque sin ánimo profético) la consecución de este objetivo [es decir, llegar a un estado tal que los hombres podrán darse a sí mismos la constitución que deseen y la constitución que impida una guerra agresiva][8] y, con ello, que a partir de ese momento ya no se darán serios retrocesos en su progreso hacia lo mejor. Porque un fenómeno semejante *no se olvida jamás* en la historia humana, pues ha revelado en la naturaleza humana una disposición y una capacidad meliorativa que político alguno hubiese podido argüir a partir del

---

[8] Estos dos últimos enunciados no constan en el original alemán ni en la traducción española. Es posible que Foucault, en la dinámica del Seminario, sintetizara las dos tesis del fragmento anterior citado, que aquí se inician con el «*es decir*», y que el receptor lo transcribiera tal cual.

curso de las cosas acontecidas hasta entonces, constituyendo lo único que aúna en el género humano Naturaleza y libertad según principios jurídicos internos, si bien, por lo que respecta al tiempo, sólo podía augurarse como un acontecimiento indeterminado y contingente. Mas aunque tampoco ahora se alcanzase con este acontecimiento el objetivo proyectado, aunque la revolución o la reforma de la constitución de un pueblo acabara fracasando, o si todo volviese de nuevo a su antiguo cauce después de haber durado algún tiempo, a pesar de todo ello, ese pronóstico filosófico no perdería nada de su fuerza. Pues ese acontecimiento es demasiado grandioso, se halla tan estrechamente ligado al interés de la humanidad, está de tal forma diseminado por todas partes a causa de su influencia sobre el mundo, como para ser rememorado por los pueblos en cualquier ocasión propicia y evocado en orden a la repetición de nuevas tentativas de esa índole; ya que al ser un asunto tan relevante para el género humano, la constitución proyectada ha de alcanzar finalmente, en cualquier momento, aquella firmeza que la enseñanza no dejará de inculcar en el ánimo de todos mediante reiterada experiencia»[9].

La revolución, no cabe duda, correrá siempre el riesgo de volver al camino trillado, pero como acontecimiento cuyo contenido mismo carece de importancia, su existencia atestigua una virtualidad permanente, que no puede ser olvidada: para la historia futura es la garantía de la continuidad misma de un paso hacia el progreso.

---

[9] Páginas 91-92 (AK, VII, 2.ª, pfo. E).

Mi intención era sólo situarles este texto de Kant sobre la *Aufklärung*; intentaré seguidamente leerlo de una manera más precisa. También quisiera hacer ver cómo unos quince años más tarde Kant reflexionaba sobre el hecho de la revolución francesa de una manera mucho más dramática. Con estos dos textos nos hallamos de alguna manera en el origen, en el punto de partida de toda una serie de cuestiones filosóficas. Estas dos preguntas: «¿Qué es la *Aufklärung?*», «¿Qué es la revolución?», son las dos formas bajo las cuales Kant ha planteado la cuestión de su propia actualidad. Son también, creo, las dos cuestiones que no han cesado de obsesionar, si no a toda la filosofía moderna desde el siglo XIX, al menos a una gran parte de esta filosofía. Después de todo me parece que la *Aufklärung,* a la vez como acontecimiento singular que inaugura la modernidad europea y como proceso incesante que se manifiesta en la historia de la razón, en el desarrollo e instauración de las formas de racionalidad y de técnica, la autonomía y la autoridad del saber, no es para nosotros un simple episodio en la historia de las ideas. Es una cuestión filosófica, inscrita desde el siglo XVIII en nuestro pensamiento. No privemos de su piedad a los que quieren que se guarde viva e intacta la herencia ilustrada. Esta piadosa intención es sin duda alguna la más conmovedora de las traiciones. No son los restos de la *Aufklärung* lo que hay que preservar; es la cuestión misma de este acontecimiento y de su sentido (la cuestión de la historicidad del pensamiento de lo universal) lo que hay que mantener presente y retener en la conciencia como aquello que debe ser pensado.

La cuestión de la *Aufklärung*, e incluso la de la razón, como problema histórico ha atravesado de manera más o menos oculta todo el pensamiento filosófico desde Kant hasta nuestros días. El otro rostro de la actualidad que Kant ha descubierto es la revolución: la revolución a la vez como acontecimiento, como ruptura y sacudida en la historia, como fracaso, pero al mismo tiempo como valor, como signo de una disposición que opera en la historia y en el progreso del género humano. De nuevo el problema, para la filosofía, no consiste en determinar qué aspecto de la revolución convendría preservar y presentarlo como modelo. Consiste en saber lo que hay que hacer con esta voluntad de revolución, con este «entusiasmo» por la revolución, que es cosa diferente de la acción revolucionaria misma. Las dos preguntas: «¿qué es la *Aufklärung*?» y «¿qué hacer con la voluntad de revolución?», definen, ambas, el campo de interrogación filosófica referida a lo que nosotros somos en nuestra actualidad.

Considero que Kant ha fundado las dos grandes tradiciones críticas entre las cuales se ha dividido [*partagée*] la filosofía moderna. Digamos que en su gran obra crítica Kant ha planteado, fundado, esta tradición de la filosofía que plantea la cuestión de las condiciones de posibilidad de un conocimiento verdadero y, a partir de ahí, se puede decir que toda una tradición de la filosofía moderna se ha presentado y se ha desarrollado, desde el siglo XIX, como analítica de la verdad.

Pero existe en la filosofía moderna y contemporánea otro tipo de cuestión, otro modo de interrogación crítica: es la que se ve nacer precisamente en la cuestión de la *Aufklärung* o en el texto sobre la revolución; esta otra tradición crítica plantea las siguientes preguntas: «¿Qué es nuestra actualidad? ¿Cuál es el campo actual de experiencias posibles?» No se trata aquí de una analítica de la verdad, se trata de lo que se podría denominar una ontología del presente, una ontología de nosotros mismos; y me parece que la elección filosófica con la que nos hallamos confrontados actualmente es ésta: se puede optar por una filosofía crítica que se presente como una filosofía analítica de la verdad en general, o bien se puede optar por un pensamiento crítico que tomará la forma de una ontología de nosotros mismos, de una ontología de la actualidad; es ésta la forma de filosofía que, de Hegel a la Escuela de Francfort pasando por Nietzsche y Max Weber, ha fundado una forma de reflexión en la cual he intentado trabajar.

¿QUÉ ES LA ILUSTRACIÓN?*

I

En nuestros días, cuando un diario plantea una pregunta a sus lectores, lo hace para pedirles su parecer sobre un tema en el que cada cual tiene ya su opinión: no hay riesgo de aprender gran cosa. En el siglo XVIII, se prefería interrogar al público precisamente sobre problemas para los que no se tenía todavía una respuesta. No sé si era más eficaz; era más divertido. El caso es que en virtud de esta costumbre, un periódico alemán, *Berlinische Monatschrift,* en diciembre de 1784, publicó una respuesta a la pregunta: *Was ist Aufklärung?,* y esa respuesta era de Kant.

Texto menor, tal vez. Pero me parece que con él entra discretamente en la historia del pensamiento una pregunta a la que la filosofía moderna no ha sido capaz de responder, pero de la que nunca ha llegado a desembarazarse. Y bajo formas diversas, hace ya

---
* Traducción y notas de Antonio Campillo.

dos siglos que la repite. De Hegel a Horkheimer o a Habermas, pasando por Nietzsche o Max Weber, apenas hay filosofía que, directa o indirectamente, no se haya visto enfrentada a esta misma pregunta: ¿cuál es, pues, ese acontecimiento que se llama *Aufklärung* y que ha determinado, en parte al menos, lo que somos, lo que pensamos y lo que hacemos hoy? Imaginemos que el *Berlinische Monatschrift* existe todavía en nuestros días y que plantea a sus lectores la pregunta: «¿Qué es la filosofía moderna?»; quizá se le podría responder como en eco: la filosofía moderna es la que intenta responder a la pregunta lanzada, hace dos siglos, con tanta imprudencia: *Was ist Aufklärung?*

Detengámonos unos instantes en este texto de Kant. Por varias razones, merece que le prestemos atención.

1. A esta misma pregunta había respondido también Moses Mendelssohn, en el mismo diario, dos meses antes. Pero Kant no conocía ese texto cuando redactó el suyo. Ciertamente, no data de ese momento el encuentro del movimiento filosófico alemán con los nuevos desarrollos de la cultura judía. Hacía ya una treintena de años que Mendelssohn estaba en esta encrucijada, en compañía de Lessing. Pero hasta entonces se había tratado de otorgar derecho de ciudadanía a la cultura judía en el pensamiento alemán —es lo que Lessing había intentado hacer en *Die Juden*–, o, al menos, de resaltar problemas comunes al pensamiento judío y a la filosofía alemana: es lo que Mendelssohn había hecho en las *Conversaciones sobre la inmortalidad del alma*. Con los dos textos aparecidos en el *Berlinische Monatschrift,* la

Aufklärung alemana y la *Haskala* judía reconocen su pertenencia a una misma historia; intentan determinar de qué proceso común derivan. Y ésa era, tal vez, una manera de anunciar la aceptación de un destino común, del que sabemos a qué drama debía llevar.

2. Pero hay más. En sí mismo y en el interior de la tradición cristiana, este texto plantea un problema nuevo. Ciertamente, no es la primera vez que el pensamiento filosófico trata de reflexionar sobre su propio presente. Pero, esquemáticamente, puede decirse que esta reflexión había adoptado hasta entonces tres formas principales.

– Se puede representar el presente como perteneciente a una cierta edad del mundo, distinta de las otras por algunos caracteres propios, o separada de las otras por algún acontecimiento dramático. Así, en la *Política* de Platón, los interlocutores reconocen que pertenecen a una de esas revoluciones del mundo en las que éste gira del revés, con todas las consecuencias negativas que eso puede tener.

– También se puede interrogar al presente para intentar descifrar en él los signos anunciadores de un acontecimiento próximo. Tenemos ahí el principio de una especie de hermenéutica histórica de la que Agustín podría proporcionar un ejemplo.

– Igualmente, se puede analizar el presente como un punto de transición hacia la aurora de un mundo nuevo. Es esto lo que describe Vico en el último capítulo de los *Principios de la Filosofía de la historia;* lo que él ve «hoy» es «la más completa civilización extendiéndose entre los pueblos mayoritariamente sometidos a algunos grandes monarcas»; es también «Europa brillando con una incomparable civilización», en la que finalmente abundan «todos los bienes que componen la felicidad de la vida humana».

Ahora bien, la manera en que Kant plantea la cuestión de la *Aufklärung* es completamente diferente: ni una edad del mundo a la cual se pertenece, ni un acontecimiento cuyos signos se percibe, ni la aurora de un cumplimiento. Kant define la *Aufklärung* de una manera casi enteramente negativa, como una *Ausgang,* una «salida», un «final». En sus otros textos sobre la historia, se da el caso de que Kant plantee cuestiones de origen o que defina la finalidad interior de un proceso histórico. En el texto sobre la *Aufklärung,* la cuestión concierne a la pura actualidad. No trata de comprender el presente a partir de una totalidad o de un acabamiento futuro. Busca una diferencia: ¿qué diferencia introduce el hoy en relación al ayer?

3. No entraré en el detalle del texto, que no siempre es muy claro a pesar de su brevedad. Simplemente, quisiera subrayar en él tres o cuatro rasgos que me parecen importantes para comprender cómo ha planteado Kant la cuestión filosófica del presente.

Kant indica inmediatamente que esta «salida» que caracteriza a la *Aufklärung* es un proceso que nos libera del estado de «minoría». Y por «minoría» entiende un cierto estado de nuestra voluntad que nos hace aceptar la autoridad de algún otro para conducirnos en los dominios en los que conviene hacer uso de la razón. Kant ofrece tres ejemplos: estamos en estado de «minoría» cuando un libro ocupa el lugar de nuestro entendimiento, cuando un director espiritual ocupa el lugar de nuestra conciencia, cuando un médico decide por nosotros nuestro régimen (notemos, de paso, que se reconoce fácilmente el registro de las tres críticas, aunque el texto no lo dice explícitamente). En todo caso, la *Aufklärung* es definida por la modificación de la relación preexistente entre la voluntad, la autoridad y el uso de la razón.

Hay que subrayar también que esta salida es presentada por Kant de manera bastante ambigua. La caracteriza como un hecho, un proceso que está efectuándose; pero la presenta también como una tarea y una obligación. Desde el primer parágrafo, hace notar que el propio hombre es responsable de su estado de minoría. Por tanto, hay que suponer que no podrá salir de ese estado si no es por un cambio que él mismo ha de efectuar sobre sí mismo. De una manera significativa, Kant dice que esta *Aufklärung* tiene una «divisa» [*Wahlspruch*]: ahora bien, la divisa es un rasgo distintivo por el que se hace reconocer; es también una consigna que se da a sí misma y que se propone a los otros. ¿Y cuál es esa consigna? *Aude sapere,* «ten el coraje, la audacia de saber». Por tanto, hay que considerar que la *Aufklärung* es a la vez un proceso del que los hombres forman parte colectivamente y un acto de coraje a efectuar personalmente. Ellos son a la vez elementos y agentes del mismo proceso. Pueden ser sus actores en la medida en que forman parte de él; y él se produce en la medida en que los hombres deciden ser sus actores voluntarios.

Una tercera dificultad aparece entonces en el texto de Kant. Consiste en el empleo de la expresión *Menschheit.* Es sabida la importancia de esta expresión en la concepción kantiana de la historia. ¿Hay que entender que es el conjunto de la especie humana el que está implicado en el proceso de la *Aufklärung*? Y, en ese caso, ¿hay que imaginar que la *Aufklärung* es un cambio histórico que afecta a la existencia política y social de todos los hombres sobre la superficie de la tierra? ¿O hay que entender que se trata de un cambio que afecta a lo que constituye la humanidad del ser humano? Y entonces se plantea la cuestión de saber qué es ese cambio. Aquí, una vez más, la respuesta de Kant no está desprovista de una cierta ambigüedad. En todo caso, bajo una apariencia simple, es bastante compleja.

Kant define dos condiciones esenciales para que el hombre salga de su minoría. Y estas dos condiciones son a la vez espirituales e institucionales, éticas y políticas.

La primera de estas condiciones es que se distinga bien lo que corresponde a la obediencia y lo que corresponde al uso de la razón. Kant, para caracterizar brevemente el estado de minoría, cita la expresión corriente: «obedeced, no razonéis»; tal es, según él, la forma en que ordinariamente se ejerce la disciplina militar, el poder político, la autoridad religiosa. La humanidad se hará mayor no cuando ya no tenga que obedecer, sino cuando se le diga: «obedeced, y podréis razonar cuanto queráis». Conviene señalar que la expresión alemana empleada aquí es *räzonieren*; este término, que se encuentra también empleado en las *Críticas,* no se refiere a un uso cualquiera de la razón, sino a un uso de la razón en el que ésta no tiene otro fin que ella misma; *räzonieren* es razonar por razonar. Y Kant ofrece unos ejemplos que son también, en apariencia, completamente triviales: pagar los impuestos, pero poder razonar tanto como se quiera sobre la fiscalidad, es lo que caracteriza el estado de mayoría; o también: cuando se es pastor, atender el servicio de una parroquia conforme a los principios de la iglesia a la que se pertenece, pero razonar como se quiera a propósito de los dogmas religiosos.

Podría pensarse que esto no es muy diferente de lo que se entiende, desde el siglo XVI, como libertad de conciencia: el derecho de pensar como uno quiera, siempre y cuando obedezca como debe. Ahora bien, es aquí donde Kant hace intervenir otra distinción, y la hace intervenir de una manera bastante sorprendente. Se trata de la distinción entre el uso privado y el uso público de la razón. Pero inmediatamente añade que la razón debe ser libre en su uso público y sumisa en su uso privado. Que es exactamente lo contrario de lo que ordinariamente se denomina libertad de conciencia.

Pero conviene precisar un poco. ¿Cuál es, según Kant, este uso privado de la razón? ¿Cuál es el dominio en el que se ejerce? El hombre, dice Kant, hace un uso privado de su razón cuando es «una pieza de una máquina»; es decir, cuando tiene un papel que representar en la sociedad y unas funciones que ejercer: ser soldado, tener que pagar unos impuestos, estar a cargo de una parroquia, ser funcionario de un gobierno, todo esto hace del ser humano un segmento particular en la sociedad; de este modo, se encuentra colocado en una posición definida, en la que debe aplicar unas reglas y perseguir unos fines particulares. Kant no pide que se practique una obediencia ciega y estúpida; sino que se haga de la razón un uso adaptado a esas circunstancias determinadas; y la razón debe someterse entonces a esos fines particulares. Por tanto, no puede haber ahí un uso libre de la razón.

En cambio, cuando no se razona más que para hacer uso de la razón, cuando se razona en tanto que ser razonable (y no en tanto que pieza de una máquina), cuando se razona como miembro de la humanidad razonable, entonces el uso de la razón debe ser libre y público. Por tanto, la *Aufklärung* no es solamente el proceso por el cual los individuos verían garantizada su libertad personal de pensamiento. Hay *Aufklärung* cuando hay superposición del uso universal, del uso libre y del uso público de la razón.

Ahora bien, esto nos lleva a una cuarta cuestión que es preciso plantear en este texto de Kant. Se entiende bien que el uso universal de la razón (al margen de todo fin particular) es asunto del propio sujeto en tanto que individuo; asimismo, se entiende bien que la libertad de este uso pueda estar asegurada de manera puramente negativa por la ausencia de toda persecución contra él; pero ¿cómo asegurar un uso público de esta razón? Como puede verse, la *Aufklärung* no debe ser concebida simplemente como un proceso general que afecta a toda la humanidad; no debe ser concebida solamente como una obligación prescrita a los individuos: ahora aparece como un problema político. En todo caso, se plantea la cuestión de saber cómo el uso de la razón puede tomar la forma pública que le es necesaria, cómo la audacia de saber puede ejercerse a la luz del día, mientras que los individuos obedecen tan exactamente como sea posible. Y Kant, para terminar, propone a Federico II, en términos apenas velados, una especie de contrato. Lo que podría llamarse el contrato del despotismo racional con la libre razón: el uso público y libre de la razón autónoma será la mejor garantía de la obediencia, pero a condición de que el propio principio político al cual hay que obedecer sea conforme a la razón universal.

Dejemos aquí este texto. En modo alguno pretendo considerarlo como si pudiese constituir una descripción adecuada de la *Aufklärung;* y pienso que ningún historiador podría contentarse con él para analizar las transformaciones sociales, políticas y culturales que se produjeron a fines del siglo XVIII.

Sin embargo, a pesar de su carácter circunstancial, y sin querer darle un lugar exagerado en la obra de Kant, creo que es necesario subrayar el vínculo que existe entre este breve artículo y las tres *Críticas.* Efectivamente, describe la *Aufklärung* como el momento en que la humanidad va a hacer uso de su propia razón, sin someterse a ninguna autoridad; ahora bien, es precisamente en ese momento cuando la Crítica es necesaria, pues tiene como papel definir las condiciones bajo las cuales el uso de la razón es legítimo para determinar lo que se puede conocer, lo que se debe hacer y lo que cabe esperar. Es un uso ilegítimo de la razón el que hace nacer, con la ilusión, el dogmatismo y la heteronomía; en cambio, cuando el uso legítimo de la razón ha sido claramente definido en sus principios, su autonomía puede quedar asegurada. La Crítica es, en cierto sentido, el libro de a bordo de la razón que se ha hecho mayor en la *Aufklärung*; e inversamente, la *Aufklärung* es la edad de la Crítica.

Creo que también es conveniente subrayar la relación entre este texto de Kant y los otros textos dedicados a la historia. Éstos, en general, tratan de definir la finalidad interna del tiempo y el punto hacia el cual se encamina la historia de la humanidad. Ahora bien, el análisis de la *Aufklärung,* al definirla como el paso de la humanidad a su estado de mayoría, sitúa la actualidad en relación con ese movimiento de conjunto y sus direcciones fundamentales. Pero, al mismo tiempo, muestra cómo en el momento actual cada uno se siente en cierto modo responsable de ese proceso de conjunto.

La hipótesis que yo querría avanzar es que este pequeño texto se encuentra de alguna manera en la bisagra entre la reflexión crítica y la reflexión sobre la historia. Es una reflexión de Kant sobre la actualidad de su empresa. Sin duda, no es la primera vez que un filósofo expone las razones que tiene para emprender su obra en tal o tal momento. Pero me parece que es la primera vez que un filósofo vincula así, de manera estrecha y desde el interior, la significación de su obra con respecto al conocimiento, una reflexión sobre la historia y un análisis particular del momento singular en el que escribe y a causa del cual escribe. La reflexión sobre «hoy» como diferencia en la historia y como motivo para una tarea filosófica particular me parece que es la novedad de este texto.

Y al enfocarlo así, me parece que se puede reconocer en él un punto de partida: el inicio de lo que podría llamarse la actitud de modernidad.

II

Sé que a menudo se habla de la modernidad como de una época, o en todo caso como de un conjunto de rasgos característicos de una época; se la sitúa en un calendario en el que estaría precedida por una premodernidad, más o menos ingenua o arcaica, y seguida por una enigmática e inquietante «postmodernidad». Y se interroga entonces para saber si la modernidad constituye la continuación de la *Aufklärung* y su desarrollo, o si hay que ver en ella una ruptura o una desviación respecto a los principios fundamentales del siglo XVIII.

Teniendo como referencia el texto de Kant, me pregunto si no se puede considerar la modernidad como una actitud más que como un período de la historia. Y por actitud quiero decir un modo de relación con respecto a la actualidad; una elección voluntaria que hacen algunos; en fin, una manera de pensar y de sentir, una manera también de actuar y de conducirse que, simultáneamente, marca una pertenencia y se presenta como una tarea. Un poco, sin duda, como eso que los griegos llamaban un *ethos*. Y consecuentemente, más que querer distinguir el «período moderno» de las épocas «premoderna» o «postmoderna», creo que sería mejor averiguar cómo la actitud de modernidad, desde que se formó, se ha encontrado en lucha con actitudes de «contramodernidad».

Para caracterizar brevemente esta actitud de modernidad, tomaré un ejemplo que es casi necesario: se trata de Baudelaire, pues en él se reconoce generalmente una de las conciencias más agudas de la modernidad en el siglo XIX.

1) A menudo se intenta caracterizar la modernidad por la conciencia de la discontinuidad del tiempo: ruptura de la tradición, sentimiento de la novedad, vértigo de lo que pasa. Y es precisamente eso lo que parece decir Baudelaire cuando define la modernidad por «lo transitorio, lo fugitivo, lo contingente»[1]. Pero, para él, ser moderno no es reconocer y aceptar ese movimiento; por el contrario, es tomar una cierta actitud en relación con ese movimiento perpetuo; y esta actitud voluntaria, difícil, consiste en apoderarse de algo eterno que no está más allá del instante presente, ni detrás de él, sino en él. La modernidad se distingue de la moda, que no hace más que seguir el curso del tiempo; es la actitud que permite captar lo que hay de «heroico» en el momento presente. La modernidad no es un fenómeno de sensibilidad hacia el presente fugitivo; es una voluntad de «heroizar» el presente.

Me contentaré con citar lo que dice Baudelaire de la pintura de personajes contemporáneos. Baudelaire se burla de esos pintores que, encontrando demasiado fea la vestimenta de los hombres del siglo XIX, no quieren representar más que togas antiguas. Pero la modernidad de la pintura no consiste para él en introducir los trajes negros en un cuadro. El pintor moderno será aquel que muestre esa sombría levita como «el traje necesario de nuestra época». Aquel que sepa hacer ver en esa moda pasajera la relación esencial, permanente, obsesiva, que nuestra época mantiene

---

[1] C. Baudelaire, «El pintor de la vida moderna», en *Salones y otros escritos sobre arte*, trad. de C. Santos, Visor, Madrid, 1996, p. 361.

con la muerte. «Observen que el traje negro y el redingote no sólo tienen su belleza política, que es la expresión de la igualdad universal, sino también su belleza poética, que es la expresión del alma pública; un inmenso desfile de enterradores, enterradores políticos, enterradores enamorados, enterradores burgueses. Todos nosotros celebramos algún entierro»[2]. Para designar esta actitud de modernidad, Baudelaire usa a veces una lítote que es muy significativa, porque se presenta bajo la forma de precepto: «No tenéis derecho a despreciar el presente».

2) Esta heroización es irónica, por supuesto. En la actitud de modernidad, en modo alguno se trata de sacralizar el momento que pasa para intentar mantenerlo o perpetuarlo. Sobre todo, no se trata de acogerlo como una curiosidad fugitiva e interesante. Eso sería lo que Baudelaire llama una actitud de «callejeo» [*flânerie*][3]. El callejeo se contenta con abrir los

---

[2] «Salón de 1846», en *Salones y otros escritos sobre arte*, ed. cit., p. 186.

[3] Los términos *flânerie* y *flâneur*, tan importantes en el vocabulario de Baudelaire, tienen difícil traducción en nuestra lengua. El verbo *flâner* significa vagabundear, gandulear, pero también mirar, curiosear. Baudelaire utiliza el término *flânerie* para referirse al vagabundeo urbano, al ocioso callejeo en el que uno va al mismo tiempo paseando y curioseando, es decir, dejándose llevar por los innumerables atractivos y novedades que la ciudad le ofrece, tanto de día como de noche. El *flâneur* es ese paseante desocupado y curioso, tan característico de las grandes ciudades modernas. Un análisis ya clásico de este tema baudelairiano puede encontrarse en W. Benjamin, *Poesía y capitalismo (Iluminaciones II)*, trad. de J. Aguirre, Taurus, Madrid, 1972.

ojos, prestar atención y coleccionar en el recuerdo. Al hombre de callejeo, Baudelaire opone el hombre de modernidad: «De este modo va, corre, busca. ¿Qué busca? Sin duda, este hombre, tal como lo he pintado, este solitario dotado de una imaginación activa, viajando siempre a través *del gran desierto de los hombres*, tiene un fin más elevado que el de un simple paseante, un fin más general, otro que el placer fugitivo de la circunstancia. Busca algo que se nos permitirá llamar *modernidad*; pues no surge mejor palabra para expresar la idea en cuestión. Se trata, para él, de separar de la moda lo que puede contener de poético en lo histórico [...]»[4]. Y como ejemplo de modernidad, Baudelaire cita al dibujante Constantin Guys. Aparentemente, un paseante, un coleccionista de curiosidades; permanece «[...] el último donde pueda resplandecer la luz, resonar la poesía, hormiguear la vida, vibrar la música; donde una pasión pueda *posar* para su ojo, donde el hombre natural y el hombre convencional se muestran en una extraña belleza, donde el sol ilumine las alegrías rápidas del *animal depravado*»[5].

Pero esto puede llevar a engaño. Constantin Guys no es un paseante; lo que hace de él, a ojos de Baudelaire, el pintor moderno por excelencia, es que a la hora en que el mundo entero se sume en el sueño, él se pone a trabajar y lo transfigura. Transfiguración que no es anulación de lo real sino juego difícil entre la verdad de lo real y el ejercicio de la libertad; las cosas «naturales» se convierten en

---

[4] «El pintor de la vida moderna», ed. cit., p. 361.
[5] *Op. cit.*, p. 360.

«más que naturales», las cosas «bellas» se convierten en «más que bellas» y las cosas singulares aparecen «dotadas de una vida entusiasta como el alma del autor». Para la actitud de modernidad, el alto valor del presente es indisociable de la obstinación en imaginarlo de otra manera y en transformarlo, no destruyéndolo sino captándolo tal cual es. La modernidad baudelairiana es un ejercicio en el que la extrema atención a lo real es confrontada con la práctica de una libertad que simultáneamente respeta esa realidad y la viola.

3) Sin embargo, para Baudelaire, la modernidad no es simplemente una forma de relación con el presente; es también un modo de relación que hay que establecer consigo mismo. La actitud voluntaria de modernidad está ligada a un ascetismo indispensable. Ser moderno no es aceptarse a sí mismo tal como uno es en el flujo de momentos que pasan; es tomarse a sí mismo como objeto de una elaboración compleja y dura: es lo que Baudelaire llama, según el vocabulario de la época, el «dandismo». No recordaré páginas que son demasiado conocidas: aquéllas sobre la naturaleza «grosera, terrestre, inmunda»; aquéllas sobre la revuelta indispensable del hombre en relación consigo mismo; aquéllas sobre la «doctrina de la elegancia», que impone «a sus ambiciosos y humildes sectarios» una disciplina más despótica que las más terribles de las religiones; las páginas, en fin, sobre el ascetismo del dandi que hace de su cuerpo, de su comportamiento, de sus sentimientos y pasiones, de su existencia, una obra de arte. El hombre moderno, para Baudelaire, no es aquel que parte al descubrimiento de sí mismo, de

sus secretos y de su verdad oculta; es aquel que procura inventarse a sí mismo. Esta modernidad no libera al hombre en su ser propio; le constriñe a la tarea de elaborarse a sí mismo.

4) Finalmente, añadiré sólo una palabra. Esta heroización irónica del presente, este juego de la libertad con lo real para su transfiguración, esta elaboración ascética de sí, Baudelaire no concibe que puedan tener su lugar en la sociedad como tal o en el cuerpo político. No pueden producirse más que en un lugar distinto: lo que Baudelaire llama el arte.

III

No pretendo resumir con estos pocos rasgos ni el acontecimiento histórico complejo que fue la *Aufklärung* a fines del siglo XVIII, ni tampoco la actitud de modernidad bajo las diferentes formas que ha podido adquirir en el curso de los dos últimos siglos.

Quería subrayar, por una parte, el enraizamiento en la *Aufklärung* de un tipo de interrogación filosófica que problematiza a la vez la relación con el presente, el modo de ser histórico y la constitución de sí mismo como sujeto autónomo; quería subrayar, por otra parte, que el hilo que puede ligarnos de esta manera con la *Aufklärung* no es la fidelidad a unos elementos de doctrina, sino más bien la reactivación permanente de una actitud; es decir, de un *ethos* filosófico que podría caracterizarse como crítica permanente de nuestro ser histórico. Es este *ethos* lo que muy brevemente quisiera caracterizar.

A. *Negativamente.*
1. Este *ethos* implica, en primer lugar, que rechacemos lo que yo llamaría de buena gana el «chantaje» de la *Aufklärung*. Pienso que la *Aufklärung*, como conjunto de acontecimientos políticos, económicos, sociales, institucionales, culturales, de los que todavía dependemos en gran medida, constituye un dominio de análisis privilegiado. Pienso también que como intento de unir mediante un vínculo de relación directa el progreso de la verdad y la historia de la libertad, ha formulado una cuestión filosófica que sigue planteada para nosotros. Pienso, en fin –y he intentado mostrarlo a propósito del texto de Kant–, que ha definido una cierta manera de filosofar. Pero esto no quiere decir que haya que estar por o contra la *Aufklärung*. Esto quiere decir, más bien, que precisamente hay que rechazar todo lo que se presente bajo la forma de una alternativa simplista y autoritaria: o aceptáis la *Aufklärung* y permanecéis en la tradición de su racionalismo (lo cual es considerado por algunos como positivo y por otros, al contrario, como un reproche); o criticáis la *Aufklärung* y entonces intentáis escapar a esos principios de racionalidad (lo cual puede ser visto, una vez más, como algo bueno o como algo malo). Y no se sale de este chantaje introduciendo en él matices «dialécticos», tratando de determinar lo que ha podido haber de bueno y de malo en la *Aufklärung*.

Hay que intentar hacer el análisis de nosotros mismos en tanto que seres históricamente determinados, en cierta medida, por la *Aufklärung*. Eso implica una serie de investigaciones históricas tan precisas como sea posible; y estas investigaciones no estarán orientadas retrospectivamente hacia el «núcleo esencial de racionalidad» que puede encontrarse en la *Aufklärung* y que habría que salvar a toda costa; estarán orientadas hacia «los límites actuales de lo necesario»: es decir, hacia aquello que no es o no es ya indispensable para la constitución de nosotros mismos como sujetos autónomos.

2. Esta crítica permanente de nosotros mismos debe evitar las confusiones siempre demasiado fáciles entre el humanismo y la *Aufklärung*. No hay que olvidar nunca que la *Aufklärung* es un acontecimiento o un conjunto de acontecimientos y de procesos históricos complejos, situados en un cierto momento del desarrollo de las sociedades europeas. Este conjunto comporta unos elementos de transformaciones sociales, unos tipos de instituciones políticas, unas formas de saber, unos proyectos de racionalización de los conocimientos y de las prácticas, unas mutaciones tecnológicas que es muy difícil resumir en una palabra, a pesar de que muchos de esos fenómenos son todavía importantes en el momento actual. Lo que yo he destacado y lo que me parece que ha sido fundador de toda una forma de reflexión filosófica no concierne más que al modo de relación reflexiva con el presente.

El humanismo es una cosa muy distinta: es un tema o más bien un conjunto de temas que han reaparecido varias veces, a través del tiempo, en las sociedades europeas; estos temas, siempre ligados a juicios de valor, evidentemente han variado siempre mucho en su contenido, así como en los valores que han seleccionado. Además, han servido de principio crítico de diferenciación: hubo un humanismo que se presentaba como crítica del cristianismo o de la religión en general; hubo un humanismo cristiano en oposición a un humanismo ascético y mucho más teocéntrico (esto en el siglo XVII). En el siglo XIX, hubo un humanismo receloso, hostil y crítico en relación con la ciencia; y otro que [por el contrario] ponía su esperanza en esta misma ciencia. El marxismo ha sido un humanismo, el existencialismo y el personalismo lo han sido también; hubo un tiempo en el que se defendían los valores humanistas representados por el nacionalsocialismo, y en el que los propios estalinistas decían que eran humanistas.

De esto no hay que extraer como consecuencia que todo lo que ha podido presentarse como humanismo deba ser rechazado; sino que la temática humanista es en sí misma demasiado flexible, demasiado diversa, demasiado inconsistente para servir de eje a la reflexión. Y es un hecho que, al menos desde el siglo XVII, lo que se llama el humanismo ha estado siempre obligado a encontrar su apoyo en ciertas concepciones del hombre tomadas de la religión, de la ciencia, de la política. El humanismo sirve para embellecer y justificar las concepciones del hombre a las cuales está completamente obligado a recurrir.

Pues bien, yo creo que se puede oponer, precisamente a esta temática tan a menudo recurrente y siempre dependiente del humanismo, el principio de una crítica y de una creación permanente de nosotros mismos en nuestra autonomía: es decir, un principio que está en el corazón de la conciencia histórica que la *Aufklärung* tuvo de sí misma. Desde este punto de vista, yo vería una tensión entre *Aufklärung* y humanismo, más que una identidad. En todo caso, confundirlos me parece peligroso; y, además, históricamente inexacto. Si la cuestión del hombre, de la especie humana, de lo humanista, ha sido importante a todo lo largo del siglo XVIII, creo que muy raramente la *Aufklärung* se ha considerado a sí misma como un humanismo. Asimismo, conviene señalar que a lo largo del siglo XIX la historiografía del humanismo del siglo XVI, que ha sido tan importante en gente como Sainte-Beuve o Burckhardt, ha sido siempre distinta y a veces explícitamente opuesta a las Luces y al siglo XVIII. El siglo XIX ha tenido tendencia a oponerlos, al menos tanto como a confundirlos. En todo caso, creo que, así como hay que escapar al chantaje intelectual y político «estar por o contra la *Aufklärung*», hay que escapar al confusionismo histórico y moral que mezcla el tema del humanismo y la cuestión de la *Aufklärung*. Un análisis de sus relaciones complejas en el curso de los dos últimos siglos sería un trabajo por hacer, y sería importante para desenmarañar un poco la conciencia que tenemos de nosotros mismos y de nuestro pasado.

B. *Positivamente.*
Pero, una vez tenidas en cuenta estas precauciones, evidentemente hay que dar un contenido más positivo a lo que puede ser un *ethos* filosófico consistente en una crítica de lo que decimos, pensamos y hacemos, a través de una ontología histórica de nosotros mismos.
1. Este *ethos* filosófico puede caracterizarse como una *actitud límite*. No se trata de un compor-

tamiento de rechazo. Se debe escapar a la alternativa del afuera y el adentro; hay que estar en las fronteras. La crítica es, ciertamente, el análisis de los límites y la reflexión sobre ellos. Pero si la cuestión kantiana era saber los límites que el conocimiento debía renunciar a franquear, me parece que hoy la cuestión crítica debe ser convertida en cuestión positiva: lo que nos es dado como universal, necesario, obligatorio, ¿en qué medida es singular, contingente y debido a constricciones arbitrarias? En suma, se trata de transformar la crítica ejercida bajo la forma de la limitación necesaria en una crítica práctica bajo la forma de la transgresión [*franchissement*] posible.

Lo cual, obviamente, tiene como consecuencia que la crítica va a ejercerse no ya en la búsqueda de las estructuras formales que tienen valor universal, sino como investigación histórica a través de los acontecimientos que nos han llevado a constituirnos y a reconocernos como sujetos de lo que hacemos, pensamos, decimos. En ese sentido, esta crítica no es trascendental, y no tiene como fin hacer posible una metafísica: es genealógica en su finalidad y arqueológica en su método. Arqueológica –y no trascendental– en el sentido de que no intentará determinar las estructuras universales de todo conocimiento o de toda acción moral posible; sino ocuparse de los discursos que articulan lo que pensamos, decimos y hacemos, como otros tantos acontecimientos históricos. Y esta crítica será genealógica en el sentido de que no deducirá de la forma de lo que somos lo que nos es imposible hacer o conocer; sino que extraerá, de la contingencia que nos ha hecho ser lo que somos, la posibilidad de no ser, de no hacer, o de no pensar, por más tiempo, lo que somos, lo que hacemos o lo que pensamos.

No pretende hacer posible la metafísica finalmente convertida en ciencia; pretende relanzar tan lejos y tan ampliamente como sea posible el trabajo indefinido de la libertad.

2. Pero para que no se trate simplemente de la afirmación o del sueño vacío de la libertad, me parece que esta actitud histórico-crítica debe ser también una actitud experimental. Quiero decir que este trabajo hecho en los límites de nosotros mismos debe, por un lado, abrir un dominio de investigaciones históricas y, por el otro, someterse a la prueba de la realidad y de la actualidad, para captar los puntos en los que el cambio es posible y deseable, y al mismo tiempo para determinar la forma precisa que hay que dar a ese cambio. Es decir, que esta ontología histórica de nosotros mismos debe apartarse de todos esos proyectos que pretenden ser globales y radicales. De hecho, se sabe por experiencia que la pretensión de escapar al sistema de la actualidad para ofrecer programas de conjunto de otra sociedad, de otro modo de pensar, de otra cultura, de otra visión del mundo, no han llevado de hecho sino a reconstruir las más peligrosas tradiciones.

Prefiero las transformaciones muy precisas que han podido tener lugar desde hace veinte años en un cierto número de dominios que conciernen a nuestros modos de ser y de pensar, a las relaciones de autoridad, las relaciones entre sexos, la manera en que percibimos la locura o la enfermedad; prefiero estas transformaciones, ciertamente parciales, que han sido efectuadas en la correlación del análisis histórico y de la actitud práctica, a las promesas del hombre nuevo que los peores sistemas políticos han repetido a lo largo del siglo XX.

Yo caracterizaría, pues, el *ethos* filosófico propio de la ontología crítica de nosotros mismos como una prueba histórico-práctica de los límites que podemos franquear y, por tanto, como un trabajo nuestro sobre nosotros mismos en tanto que seres libres.

3. Pero, sin duda, sería completamente legítimo hacer la siguiente objeción: limitándose a este género de investigaciones y de pruebas siempre parciales y locales, ¿no corre uno el peligro de dejarse determinar por estructuras más generales, arriesgándose a no tener ni conciencia ni dominio de ellas?

Dos respuestas para esto. Es cierto que hay que renunciar a la esperanza de alcanzar jamás un punto de vista que pudiera darnos acceso al conocimiento completo y definitivo de lo que puede constituir nuestros límites históricos. Y, desde este punto de vista, la experiencia teórica y práctica que hacemos de nuestros límites y de su posible transgresión se encuentra, ella misma, siempre limitada, determinada y, por tanto, destinada a recomenzar.

Pero esto no quiere decir que todo trabajo no pueda hacerse más que en el desorden y la contingencia. Este trabajo tiene su generalidad, su sistematicidad, su homogeneidad y su envite.

a) *Su envite*:

Está indicado por lo que podría llamarse «la paradoja [de las relaciones] de la capacidad y del poder». Se sabe que la gran promesa o la gran esperanza del siglo XVIII, o de una parte del siglo XVIII, estaba en el crecimiento simultáneo y proporcional de la capacidad técnica de actuar sobre las cosas, y de la libertad de los individuos en la relación de unos con otros. Y, además, puede verse que a través de toda la historia de las sociedades occidentales (quizá se encuentre aquí la raíz de su singular destino histórico −tan particular, tan diferente [de los otros] en su trayectoria y tan universalizante, dominante con respecto a los otros−), la adquisición de las capacidades y la lucha por la libertad han constituido elementos permanentes. Ahora bien, las relaciones entre crecimiento de las capacidades y crecimiento de la autonomía no son tan simples como el siglo XVIII podía creer. Y se ha podido ver qué formas de relaciones de poder eran vehiculadas a través de tecnologías diversas (trátese de producciones con fines económicos, de instituciones con fines de regulación social, de técnicas de comunicación): las disciplinas, a un tiempo colectivas e individuales, y los procedimientos de normalización, ejercidos en nombre del poder del Estado, de las exigencias de la sociedad o de sectores de la población, son ejemplos de ello. Por tanto, el envite es: ¿cómo desconectar el crecimiento de las capacidades y la intensificación de las relaciones de poder?

b) *Homogeneidad*:

Lo cual lleva al estudio de lo que podría llamarse «los conjuntos prácticos». Se trata de tomar como dominio homogéneo de referencia no las representaciones que los hombres se forman de sí mismos, ni las condiciones que los determinan sin que ellos lo sepan, sino lo que hacen y la manera en que lo hacen. Es decir, las formas de racionalidad que organizan las maneras de hacer (lo que podría llamarse su aspecto tecnológico); y la libertad con que actúan en estos sistemas prácticos, reaccionando a lo que hacen los otros, modificando hasta cierto punto las reglas del juego (es lo que podría llamarse la vertiente estratégica de estas prácticas). La homogeneidad de esos análisis histórico-críticos está, pues, asegurada por este dominio de las prácticas, con su vertiente tecnológica y su vertiente estratégica.

c) *Sistematicidad*:

Estos conjuntos prácticos corresponden a tres grandes ámbitos: el de las relaciones de dominio sobre las cosas, el de las relaciones de acción sobre los otros, el de las relaciones consigo mismo. Esto no quiere decir que sean tres ámbitos completamente extraños entre sí. Es bien sabido que el dominio sobre las cosas pasa por la relación con los otros; y ésta implica siempre relaciones consigo mismo, e inversamente. Pero se trata de tres ejes cuya especificidad e imbricación es preciso analizar: el eje del saber, el eje del poder, el eje de la ética. En otros términos, la ontología histórica de nosotros mismos tiene que responder a una serie abierta de cuestiones, tiene que hacer un número no definido de investigaciones que se puede multiplicar y precisar tanto como se quiera; pero todas ellas responderán a la sistematización siguiente: cómo nos hemos constituido como sujetos de nuestro saber; cómo nos hemos constituido como sujetos que ejercen o padecen relaciones de poder; cómo nos hemos constituido como sujetos morales de nuestras acciones.

d) *Generalidad*:

Finalmente, esas investigaciones histórico-críticas son muy particulares, en el sentido de que remiten siempre a un material, una época, un cuerpo de prácticas y de discursos determinados. Pero, al menos a escala de las sociedades occidentales de las que procedemos, tienen su generalidad: en el sentido de que han sido, hasta nosotros, recurrentes; así, el problema de las relaciones entre razón y locura, o enfermedad y salud, o crimen y ley; el problema del lugar que hay que conceder a las relaciones sexuales, etc.

Pero si evoco esta generalidad no es para decir que hay que describirla en su continuidad metahistórica a través del tiempo, ni tampoco seguir sus variaciones. Lo que hace falta captar es en qué medida lo que sabemos de ella, las formas de poder que en ella se ejercen y la experiencia que en ella hacemos de nosotros mismos no constituyen más que figuras históricas determinadas, mediante una cierta forma de problematización que define objetos, reglas de acción, modos de relación consigo mismo. El estudio de [los modos de] *problematización* (es decir, de lo que no es ni constante antropológica, ni variación cronológica) es pues la manera de analizar, en su forma históricamente singular, unas cuestiones de alcance general.

Una palabra de resumen para terminar y volver a Kant.

Yo no sé si nunca nos haremos mayores. Muchas cosas en nuestra experiencia nos convencen de que el acontecimiento histórico de la *Aufklärung* no nos ha hecho mayores; y de que no lo somos todavía. Sin embargo, me parece que se le puede atribuir un sentido a esa interrogación crítica sobre el presente y sobre nosotros mismos que Kant ha formulado al reflexionar sobre la *Aufklärung*. Más aún, me parece que ahí se da una manera de filosofar que no ha carecido de importancia y de eficacia durante los dos últimos siglos. La ontología crítica de nosotros mismos no hay que considerarla, ciertamente, como una teoría, una doctrina, ni siquiera un cuerpo permanente de saber que se acumula; hay que concebirla como una actitud, un *ethos,* una vida filosófica en la que la crítica de lo que somos es a la vez análisis histórico de los límites que nos son impuestos y prueba de su posible transgresión.

Esta actitud filosófica debe traducirse en un trabajo de investigaciones diversas; éstas tienen su coherencia metodológica en el estudio a la vez arqueológico y genealógico de prácticas consideradas simultáneamente como tipos tecnológicos de racionalidad y como juegos estratégicos de las libertades; tienen su coherencia teórica en la definición de las formas históricamente singulares bajo las cuales han sido problematizadas las generalidades de nuestra relación con las cosas, con los otros y con nosotros mismos. Tienen su coherencia práctica en el cuidado con que someten la reflexión histórico-crítica a la prueba de las prácticas concretas. No sé si hoy día es necesario decir que el trabajo crítico implica todavía la fe en las Luces; necesita siempre, creo yo, un trabajo sobre nosotros mismos, es decir, una labor paciente que dé forma a la impaciencia de la libertad.